中公新書 2411

富田 武著

シベリア抑留

スターリン独裁下、「収容所群島」の実像

中央公論新社刊

まえがき

一九四五年八月のソ連による対日参戦の結果、約六〇万の日本軍将兵及び一部文民がソ連・モンゴルに連行され、数年間、長くは一一年間も、日ソ国交回復まで各地の収容所で強制労働に就かされた。世に言う「シベリア抑留」である。

その実態解明は七〇年以上も経つのに、ほとんど進んでいない。冷戦期は米ソ双方が抑留問題を政治的に利用し、日本では帰還者たちの「抑留生活は酷かった」という怨嗟(えんさ)とソ連憎悪が支配的であった。

ソ連崩壊後ロシアでは公文書館の文書閲覧が順次解禁され、ロシア人学者による抑留研究が一連の成果を生み、一部は邦訳された。一九九〇年代半ば以降は、公文書館の文書を集めた資料集が逐次刊行されるようになった。しかし、日本はジャーナリストの報道に続くべき学者の抑留研究がおよそ一〇年立ち後れた。厚生労働省の当該部局も、これといった仕事をしていない。その間に抑留体験者の高齢化が進み、抑留者団体の活動も困難になった。二〇一〇年にようやく「戦後強制抑留者に係る問題に関する特別措置法」が成立したが、そこに謳(うた)われた「抑留の実態解明」はほとんど進んでいない。

　抑留の実態解明がソ連崩壊後も進まなかった理由は、いくつか考えられる。

　第一は、抑留は軍人・軍属の問題だという通念に厚労省、抑留者団体も、研究者さえも長らく縛られていたことである。また「シベリア抑留」という通称が、ソ連以外の地域でも抑留があったことの認識を妨げていた。

　近年この通念に見直しを迫る出来事があった。北朝鮮の興南ほかの送還収容所の死者名簿が報道されたことを契機に、厚生労働大臣が従来の調査・援護活動がソ連・モンゴルの、それも軍人に限定されていたことを反省する旨を表明したからである。実際、南樺太、北朝鮮、旅順・大連地区の民間人抑留者数は、ソ連・モンゴルの軍人抑留者数に匹敵し、これら「ソ連管理地域」における抑留の調査・研究に本格的に着手すべきことが明白になった。

　第二は、日本人は抑留の被害者で、悪いのはソ連だという冷戦期に形成された通念が長らく影響力を持っていたことである。

　ソ連崩壊後も、独裁体制で全体主義だった国の公文書は読むまでもないという態度が実態解明を妨げた。また、日本軍の朝鮮人・台湾人軍人・軍属の捕虜のことは考えず、ソ連に抑留されたのはドイツ及び同盟国軍の捕虜も同じだったことにも思いが至らなかった。ましてや、ソ連軍将兵も独ソ戦争の前半はドイツ軍の捕虜として苦しんだことは想像の外であった。

近年「韓国朔風会」（抑留者団体）の活動が知られるようになり、抑留者団体のなかで、抑留の背景として関東軍が満洲を支配していたことが指摘されるようになった。抑留回想記のなかには、自分たちが飢えに苦しんでいたときソ連の住民もまた苦しんでいたことを指摘する者もあった。

こうして、シベリア抑留を第二次世界大戦のなかに位置づけ、日本の植民地支配との関連で問い直すことが抑留者団体と研究者の間で課題となった。二〇一〇年末に「シベリア抑留研究会」が抑留体験者、遺族家族、ジャーナリスト、研究者たちを集めて発足したが、右の課題の解決も自覚している。

本書は、通念としての「シベリア抑留」をより大きな地理的広がりと歴史的文脈に位置づけ直し、多面的に議論して内容を豊かにする狙いで執筆する。重要な要素は以下の四点である。

第一に、第二次世界大戦におけるソ連の捕虜収容所は、国内の矯正労働収容所（政治犯・刑事犯対象）をモデルに、同じ内務人民委員部（のち内務省）の管轄下に設けられた。この二つの収容所は、戦中からスターリン死去に至る期間ほぼ並存していた。日本人抑留も、この巨大な「収容所群島」（ソルジェニーツィン）の一環だったのである。

第二に、同じく捕虜となったドイツと同盟国の将兵についてである。彼らはドイツ人二〇〇万余を含めて約三〇〇〇万人に及んだ。数が日本人より多いだけではなく、彼らのために作られた規則、システムが日本人捕虜に適用された。ドイツ人捕虜研究者は日本にいないが、二〇一五年にドイツのアンドレアス・ヒルガー博士を招いてパネルとワークショップを開いたことにより、われわれの認識が深まった。

第三に、資料が乏しく触れられることがほとんどなかった「ソ連管理地域」の南樺太・北朝鮮における民間人抑留についてである。そこではソ連国内のように鉄条網で囲まれ、監視塔を四隅に配した捕虜収容所は、ごく一部しか存在しなかった。しかし脱出が不可能または困難であり、自由が大きく制限されたという意味では、抑留に他ならなかった。

第四に、従来「シベリア抑留」として取り上げられてきたソ連・モンゴル抑留についても論ずる。ただし、従来の研究のようにソ連の政策と日本人の回想記を直結して事足れりとするのではなく、共和国・地方・州、そして収容所という中間項を分析対象に組み込み、立体的でリアルな実像を描く。そのケーススタディとして、ハバロフスク地方を取り上げ、捕虜管理、収容所運営面で対照的なモンゴル（モンゴル人民共和国）にも言及する。

ソ連はたしかに中央集権国家であったが、連邦共産党・政府の政策がストレートに貫徹したわけではない。時には共和国・地方・州の党・ソヴィエト機関に割り引かれ、その抵抗を受けることさえあった。しかも、収容所は画一的ではなく、所在地が極北か中央アジアか、つまり酷寒か、多少とも温暖か、労働力が著しく不足していたか否か、そして連邦レベルのプロジェクトを抱えていたか否かに応じた違いがあった。

最後に、ソ連人捕虜についても、全面的には取り上げないが留意する。ドイツ人も日本人もソ連捕虜収容所の犠牲者だが、ドイツ軍はスターリングラード戦（一九四二年秋―四三年初）までは優勢で、ソ連人を捕虜にとっていた。ドイツ軍の捕虜となったソ連将兵の多数は、捕虜からの解放後「忠誠が疑わしい」として、矯正労働収容所に入れられるか、捕虜収容所職員に回されるか、赤軍独立労働大隊に編入されるかの懲罰を受けた。

戦争末期にドイツ、満洲に侵攻したソ連軍のうち略奪、暴行を恣にした囚人部隊は、兵員不足を埋めるために矯正労働収容所より徴募された者からなる。

ドイツ人・日本人で「戦犯」とされた捕虜の多数は、矯正労働収容所で働かされた。遡れば、スターリンによる一九三〇年代の国内弾圧、矯正労働収容所拡大は、単に独裁者の野望から生まれたものではなく、日独に挟撃される戦争の恐怖に基づいていたことも指摘される。

本書により、シベリア抑留が日本人固有の悲劇ではなく、内外数千万の人々を苦しめた「スターリン独裁下の収容所群島」の一環であったことを世界史的視野から構造的に理解してくだされば幸いである。

エニセイ川
共　和　国
オビ川
バイカル湖
ウラン・ウデ
クラスノヤルスク
イルクーツク
ノヴォシビルスク
クズバス鉄鋼業基地
モンゴル
カラガンダ
カザフ共和国
バルハシ湖
アルマ・アタ
ロシア共和国
キルギス共和国
タシケント
中　国
ブラゴヴェシチェンスク
オホーツク海
コムソモリスク・ナ・アムーレ
サハリン
チタ
ウルップ島
タジク共和国
択捉島
ハルヒン・ゴル（ノモンハン）
国後島
ハバロフスク
中国

ソ連全図

出典：木村英亮『ソ連の歴史』（山川出版社，1991年）を基に筆者作成

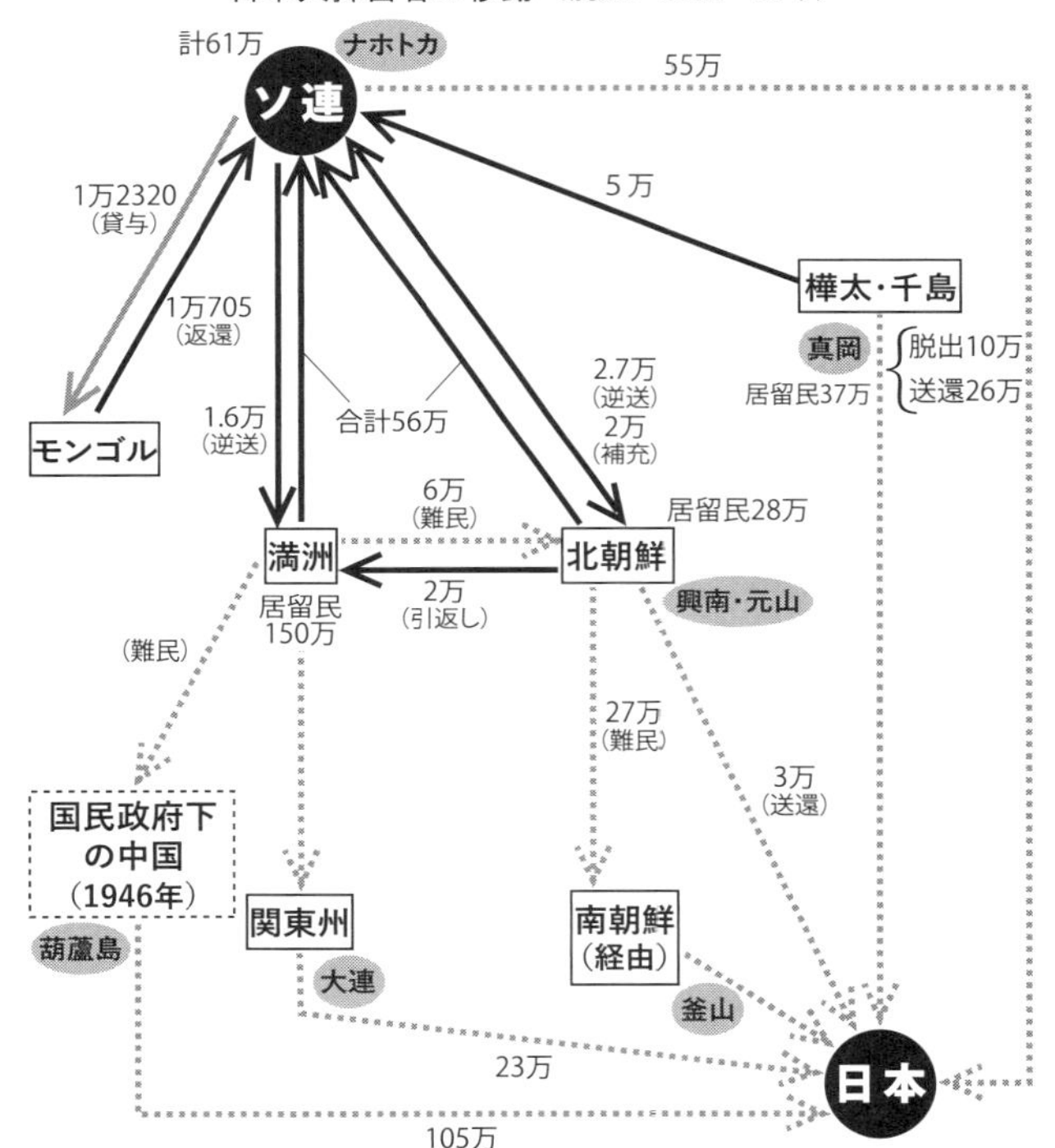

模式図の概要説明　●日本軍将兵／満洲・北朝鮮内の75万のうち戦死８万，捕虜61万．現地釈放3.7万，満洲の収容所での死亡1.6万を除き，捕虜中のソ連への移送56万弱．南樺太・千島列島内の11万のうち戦死１万，捕虜６万．捕虜中のソ連への移送５万強．ソ連領内からの「逆送」が満洲に1.6万，北朝鮮に2.7万．労働力補充のため北朝鮮からソ連への移送２万．ソ連内での抑留死は全体で3.9万．最終的にナホトカ経由で55万が帰国．●満洲居留民／150万のうち死亡18万．難民化し大部分は米国・国民党影響下の葫蘆島へ105万，一部は北朝鮮へ４万（移動は６万だが２万は引き返す）．ソ連軍支配下の関東州，旅順・大連での抑留者が23万．それぞれの地から帰国．●北朝鮮居留民＋捕虜／28万のうち難民化し，満洲難民４万も加え南朝鮮に逃れ帰国した者が27万，興南・元山経由で送還された者が捕虜を含めて３万（死亡が３万弱か？）．

目次

シベリア抑留

――スターリン独裁下、「収容所群島」の実像

序章

矯正労働収容所という起源

I 強制労働による社会主義国家建設

矯正労働収容所とは何か

一九一七年一一月に成立したウラジーミル・レーニンを首班とするソヴィエト政権は、一二月に「反革命・サボタージュ取締り全ロシア非常委員会」(以下、全ロシア非常委員会)を設置した。

全ロシア非常委員会は、社会主義革命に反対するブルジョア政党の活動を制限し、官吏をソヴィエト政権に協力させるための政治警察である。翌年春以降ソヴィエト政権と、列強に後押しされて帝政復活をめざす将軍たちとの三年近い内戦では、反革命派を弾圧する「赤色テロル(恐怖政治)」の担い手となった。

内戦が終わっても、全ロシア非常委員会は反革命分子の摘発やロシア正教会弾圧にあたったが、一九二二年一二月のソ連邦成立とともに合同国家保安部へと衣替えした。反革命分子は、白海のソロヴェツキー島にある元修道院に押し込められた。ソロフキ収容所は集中収容所（kontsentratsionnyi lager'）とも、特命収容所とも呼ばれた。

ネップ（新経済政策＝市場経済を部分的に公認）の末期、一九二九年六月に共産党中央委員会政治局は決定「刑事囚の労働使役」を採択した。以後「集中収容所」は「矯正労働収容所」と呼ばれることになる。それは、応報刑に対する教育刑の立場を、労働によって人格を改造し、「真人間にする」というマルクス主義的な人間観で修正したものである。

一九三〇年四月には、人民委員会議決定により「矯正労働収容所規程」が制定された。その総則によれば、矯正労働収容所の目的は、「とくに社会的に危険な法違反者を、隔離するとともに、社会的有用労働につけて社会生活に適応させることによって、社会を守る」ことにある。収容されるのは、裁判によって三年以上の自由剝奪刑を受けるか、合同国家保安部の特別決定により有罪とされた者であった。矯正労働収容所は合同国家保安部の管轄下に置かれたが、裁判所ではない合同国家保安部も判決を下す点が、ソヴィエト国家の特徴であった。なお、自由剝奪三年未満の刑を受けた者は矯正労働コロニーに収容された。

「矯正労働収容所規程」各部の条項を見ると、囚人は勤労者出身か否かや、犯罪の種類により三つのカテゴリーに分けられた。収容条件も「基本」「軽減」「特典」の三つに分かれていた。「軽減」や「特典」は拘束が弱く、収容所外の企業で働くことができる。

一労働日は原則として、一般労働者と同じく八時間と定められている。労働意欲を高めるために、報酬の現金支給、食糧増配、収容条件の「軽減」または「特典」への移行など、さまざまな報奨が与えられる。囚人には面会と文通の権利が認められ、医療サービスも受けられる。規律違反に対しては譴責、文通制限、隔離、懲罰労働などが課される。人間改造のための「文化教育活動」の規定もあった。

囚人を使役しての工業建設

矯正労働収容所規程が作成された当時、ソ連全土で上からの農業集団化が、ヨシフ・スターリン共産党書記長率いる指導部のもと、嵐のように進行していた。撲滅されるべき「クラーク」(富農)は、経済的指標(土地、財産の多少)によってではなく、政権への反抗の度合いに応じて三つに分けられた。

第一カテゴリー「積極的な反革命分子」は銃殺されるか、矯正労働収容所に送られた。第二カテゴリーの農民は、シベリアなどの遠隔地に強制移住させられた。第三カテゴリーの農民は同一地方・州内に追放された。一九三〇—三一年に反政府暴動、穀物投機などの廉で刑

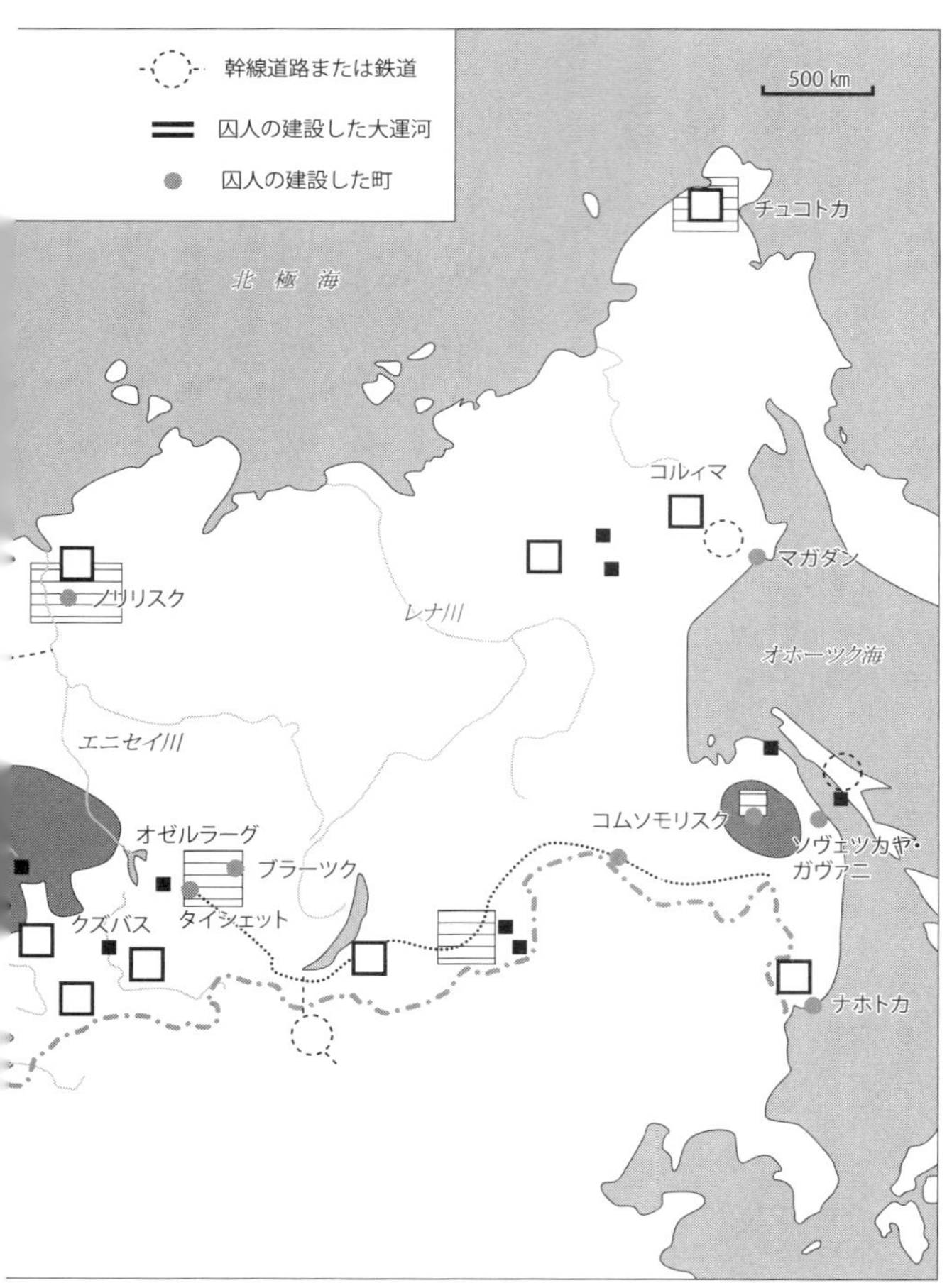

2001年）を基に筆者作成

矯正労働収容所の所在地（1940年代後半）

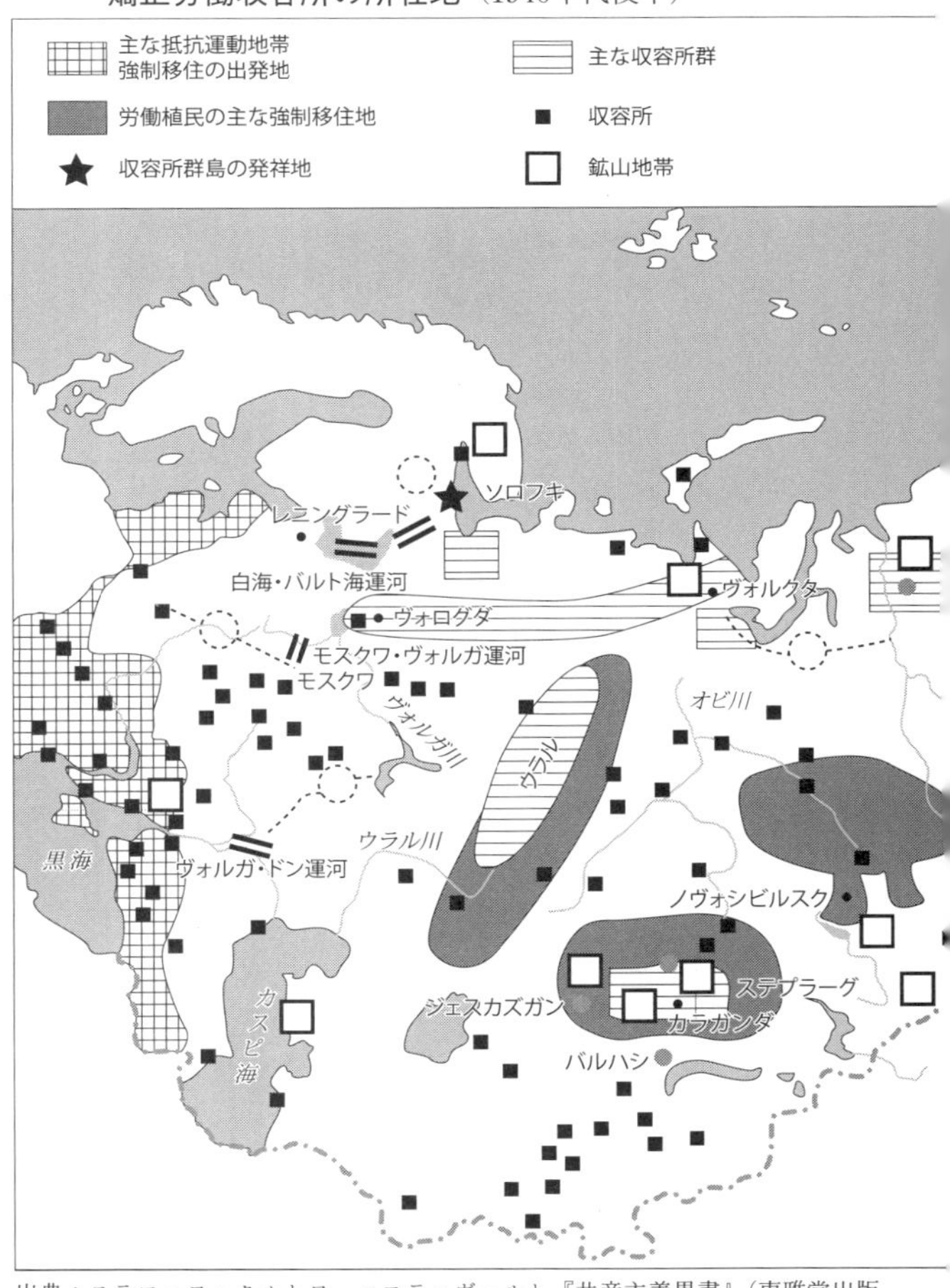

出典：ステファヌ・クルトワ，ニコラ・ヴェルト『共産主義黒書』（恵雅堂出版，

法上の有罪判決を受けた者は約三九万人にのぼった。その多数が矯正労働収容所送りとなり（うち二万一〇〇〇人が銃殺）、遠隔地に強制移住させられた者は一八〇万人以上にのぼった。

この矯正労働収容所の囚人が、一九二八―三二年の第一次五ヵ年計画に、重工業・インフラ整備重点の巨大建設プロジェクトに労働力として動員された。白海・バルト海運河、コルィマ採金トラスト、モスクワ・ヴォルガ運河、バイカル・アムール（バム）鉄道、ペチョーラ炭田などである。

囚人労働の様子（1930年代）　アプルボームより

最初の大規模プロジェクトは白海・バルト海運河で、ネヴァ河―ラドガ湖―オネガ湖―白海を結ぶ全長九〇六キロの運河である。一九三〇年五月に立案され、六月に着工し、三三年五月には開通した。

このプロジェクトに労働力として最初に動員されたのはソロフキ矯正労働収容所からの六〇〇〇人で、動員ピーク時の一九三二年七月には一二万二八〇〇人に達した（北部地域の全収容所から）。死者は一九三一年一四三八人（二・二四％）、三二年二〇一〇人（二・〇三％）、三三年八八七〇人（一〇・五六％）である。一九三三年が異常に多いのは、三二—三三年冬の大飢饉（ききん）によりソ連全体で死者は少なくとも三〇〇〇万人を超え、囚人に回す食糧が著しく制限されたためである。

むろん、囚人労働はいっさい公表されなかった（右のような写真は当時非公開）。しかし、それでも情報は洩（も）れ、折からの世界大恐慌に苦しむ欧米諸国からは、ソ連の「囚人労働に基づく安価な製品のダンピング輸出」として激しい非難の的となった。これに対して、ソ連政府は大飢饉を何とか乗り切ると、白海・バルト海運河建設を工業化の成果として宣伝するようになる。

共産党機関紙『プラウダ』（一九三三年八月五日）は、ようやく囚人労働力を用いたことを認め、一万二四八四人を刑期満了前に釈放し、五万九五一六人の刑期を軽減したと発表した。翌一九三四年には『スターリン記念白海・バルト海運河』なる書物が、著名な作家マキシム・ゴリキーの序文つきで刊行された。それは「労働による矯正」の成果を誇示し、囚人労働の組織者である合同国家保安部を賞賛したものでもあった。

「ラーゲリ経済」の成立

一九三四年七月、合同国家保安部は新設の連邦内務人民委員部に統合されて国家保安総局と改称され、民警総局、消防総局、国境警備隊本部などと並ぶ機関になった。内務人民委員部は、国家保安総局と収容所管理総局を両輪とする弾圧機関として、スターリン独裁の支柱となった。

スターリンは、同年末のキーロフ暗殺事件（ナンバー2と目された政治局員セルゲイ・キーロフの暗殺、真相は不明）を契機に、自分に忠誠を誓うようになった旧反対派はやはり信用できないとして、その絶滅に乗り出し、一九三六―三八年の大テロルを推進した。

大テロルは党・国家・軍の幹部だけではなく、一九三七年七月二日付政治局決定に基づく内務人民委員部命令「旧クラーク、刑事犯、その他反ソヴィエト分子の弾圧作戦」により、社会の末端にまで及んだ。弾圧の対象は、旧クラークや刑事犯のような矯正労働収容所に収容されたことのある者に加え、「その他反ソヴィエト分子」という解釈次第で無限に拡大できる人々も含まれた。

しかも、彼らは銃殺または収監という目的から二つのカテゴリーに分けられた。第一は、即刻逮捕、銃殺されるべき者、第二は、八―一〇年間収容所または監獄に収容されるべき者である。総数で二五万九四五〇人を逮捕し、うち七万二九五〇人（収容所の一万人を含む）

を銃殺せよとの命令であった。共和国、地方、州ごとに被弾圧者が割り当てられたが、実際には競い合うように超過達成された。産業、企業で推進、称揚された生産の「社会主義的競争」が政治弾圧の分野にも及んだのである。

こうして銃殺された者は、一九三七年三五万三〇七四人、三八年三二万八六一六人に達し、矯正労働収容所、矯正労働コロニーなどに収容された者は、三九年には二〇〇万人を超えた（0—1、このほか監獄に収監された者がいる）。

0-1　矯正労働収容所・コロニーの収容者数，死亡者数

年	収容者数	死亡者数	死亡率
1930	179,000	7,980	4.2
1931	212,000	7,283	2.9
1932	268,700	13,197	4.81
1933	334,300	67,297	*1 15.3
1934	510,307	25,187	4.28
1935	965,742	31,636	2.75
1936	1,296,494	24,993	2.11
1937	1,196,369	31,056	2.42
1938	1,881,570	108,654	5.35
1939	1,672,438	44,750	3.1
1940	1,659,992	41,275	2.72
1941	1,929,729	115,484	6.1
1942	1,777,043	352,560	*2 24.9
1943	1,484,182	267,826	*2 22.4
1944	1,179,819	114,481	9.2
1945	1,460,667	81,917	5.95
1946	1,703,095	30,715	2.2
1947	1,721,543	66,830	3.59
1948	2,199,535	50,659	2.28
1949	2,356,685	29,350	1.21
1950	2,561,351	24,511	0.95
1951	2,525,146	22,466	0.92
1952	2,504,514	20,643	0.84
1953	2,468,524	9,628	0.64

註記：*1 大飢饉，*2 戦時食糧不足
出典：アプルボーム（死亡率Cは死亡者数B÷収用者数Aと一致しないが，AとB，Cが別の統計のため）

この膨大な労働力が第三次五ヵ年計画（一九三八—四二年）に動員され、「ラーゲリ経済」、すなわち、収容所の不払い強制労働に依存する経済システムが確立する。内務人民委員部は運河開削（かいさく）、鉄道建設などのインフラ整備部門や石炭、ニッケル、金などの採掘部門を管轄下に置いた。一九四〇年には国民経済二〇部門に及び、内務人民委員部の投資は国内総投資額の一一％とも一四％とも言われた。

強制労働の低い生産性

しかし、「ラーゲリ経済」はこの頃、行き詰まり始めてもいた。白海・バルト海運河の稼働率は、一九四〇年に四〇％にすぎなかった。バム鉄道は、一九三五年初めに一五万人の囚人を投入したにもかかわらず、西部線（イルクーツク州〜アムール州）も、東部線（アムール州〜ハバロフスク地方）も建設が遅々として進まず、結局は第二次世界大戦後に持ち越される。

ロシア人研究者オレグ・フレヴニュークは、囚人労働が経済的に成立する条件を以下のように列挙している。

①遠隔地で一般労働者を就業させるにはコストがかかること、②国家の必要に応じて容易に移動できること、③完全に消耗するまで利用できること、④一般労働者を脅して規律に従わせる存在であること、⑤消費財や住宅の不足を緩和する存在であること、である。

つまり、「ラーゲリ経済」は、広大なソ連のなかで生産財やインフラなど大規模建設を高テンポで進める手段として一九三〇年代には有効だったが、多くの犠牲を伴い、この国の経済運営に負の遺産を残すことになった。

強制労働は生産性が低いという事実に気づいても、囚人労働による「人海戦術」に慣れると労働日を長くし、作業ノルマを引き上げることが常態となる。これにはさらに、収容所職員及び幹部の「水増し報告」と囚人自身の「トゥフタ（見せかけの労働）」が不可避的に伴う。

労働意欲を高める方法としては、賃金制度が法律上規定はされても実施されなかったため、給食の増配と「労働日の算入」程度しかなかった。「労働日の算入」とは、たとえば労働二日を刑期三日に算入して刑期を短縮する措置だが、フランス人政治囚ジャック・ロッシの『ラーゲリ註解事典』によれば、一九三一年に導入されたものの、三四年一二月のキーロフ暗殺後に政治犯については廃止されてしまったという。

囚人労働の恐るべき実態

矯正労働収容所の惨状を示す公文書がある。一九三八年のヴャチスラフ・モロトフ人民委員会議議長宛、匿名の手紙である。「拘禁施設はいまや、生ける者の墓場と呼べる。〔中略〕遠隔地の収容所の生活はおぞましい。囚人は頭がはちきれそうになり、壊血病と虱（しらみ）が、ただでさえ弱っている生命力を蝕（むしば）んでいる。〔中略〕囚人が生きながら腐り、緩慢に、おぞましく死んでいくだけのために、すべてが考え出されたようだ」。

0-2　囚人の給食基準（1人1日当りグラム数．1939年8月14日内務人民委員部命令）

食　品	ノルマ未達成者など	ノルマ達成者
黒パン	600	1200
粉 85％挽き	10	60
碾き割り	100	130
肉	30	30
魚	128	158
植物性油脂	0	12
マカロニ	0	10
砂糖	10	13
紅茶（代用品）	2	2
馬鈴薯・野菜	500	600
トマト・ピューレ	10	10
ピーマン	0.13	0.13
月桂樹の葉	0.2	0.2
塩	20	20

出典：*GULAG 1918-1960*

連邦検事アンドレイ・ヴィシンスキーが一九三八年二月にスターリン、モロトフ宛に提出した「極秘」報告には、点検した矯正労働収容所の実態が次のように書かれている。「［多くの建設プロジェクト現場では］伝染病の蔓延（まんえん）、その他の望ましくない現象が見られる。バム鉄道収容所第一七分所第五二コロンナ〔建設の進捗（しんちょく）に伴って移動する作業所〕には五〇〇人の囚人がいるが、寒くて汚れたバラックに住まわされ、寝床も汚れている。囚人のバラックごとの配置が正しくないため、腐敗分子が自分によい場所を確保し、働く囚人から食物や衣服を奪っている。二二二人はまったく仕事に出ていない」。

当時の食物・衣服の供給基準は、一九三九年八月一四日付内務人民委員部命令に示されている（0―2は給食基準）。それは、矯正労働収容所における死者が一九三八年に九万五二六人と際立って高かったことへの対策だろうが、実際に黒パン（ライ麦パン）が一日最低六〇〇グラムも支給されたとは、回想録などから見てとうてい考えられない。

こうした囚人の非人間的処遇に対する抵抗もあった。一九三七年春にソ連邦中央執行委員会及び人民委員会議に政治囚三人が手紙を寄せている。極東地方裁判所マガダン支部による政治犯共産主義者に対する死刑、自由剝奪一〇年判決に抗議して、「ポグロム〔ユダヤ人大量虐殺〕的な迫害を止め、政治犯に正常な生存条件を与える」よう要求したものである。

ウフタ・ペチョーラ矯正労働収容所には、かつてスターリンに反対したトロツキストが収容されていた。彼らは酷寒、飢え、バラックすし詰め、はびこる虱と南京虫、堪え難い苦役を訴え、一九三六年一〇月一八日、ハンガー・ストライキに入った。ハンストは月末までに参加者が二三六人となり、二人の死者を出し、多くの者の体重は四〇キロまでに減らしながら、翌年二月一三日まで継続した。収容所当局は要求を呑むと見せかけ、九月に首謀者を逮捕し、九人を一九三八年二―三月に銃殺した。

生存競争となった囚人生活

アン・アプルボームの近年の大著『グラーグ』（広義には矯正労働収容所）は、収容所生活のあらゆる側面を公文書、回想記、体験者インタヴューに基づいて生々しく再構成したものである。公文書から得られる統計を含む全体像の叙述と、有名人や無名の人々の語りとが巧みに織り交ぜられ、アレクサンドル・ソルジェニーツィン『収容所群島』に匹敵するスケールと迫力を持った作品である。ここで『グラーグ』に描かれた収容所生活のいくつかを紹介したい。

第一は給食である。バランダという薄い塩味スープに象徴される食事の貧しさを指摘しつつ、こう書いている。「正常な環境のもとではとても口に入らないようなスープでも、大多数が空き腹をかかえている収容所では囚人たちがそれをうまそうに飲んだ。たまたま飢えているわけではなく、囚人はいつも空腹状態に置かれた。というのも、食事の規制は、囚人の時間と生活空間の規制についで重要な収容所管理者の統制の道具だったからだ」。また、配給されるパンは神聖視され、他の何を盗んでもいいが、パン泥棒だけは、仲間によって殴り殺されるほどの制裁を受けた。

第二は、労働の現場で見られたトゥフタである。「トゥフタは作業割当、作業組織、作業量算定など労働の実質上すべての面にいきわたり、モスクワのグラーグ幹部から最底辺の収容所警備兵、いちばん虐げられた囚人たちに至るまでの収容所のコミュニティのすべてのメンバーがそれをやっていた」。囚人と作業班長の談合、ノルマ査定係と作業班長との談合、収容所長や経理係によるデータの改竄(かいざん)などである。

第三は「生き残りの術(すべ)」である。その一つが、バラックを支配している刑事囚への協力である。収容所では暴力がものを言うので、知識では優る政治犯も屈従を強いられる。ウルカ

コラム①

極北の三大収容所

ソ連には矯正労働収容所が476ヵ所あったと言われるが，最悪の収容所として恐れられたのが北極圏のヴォルクタ，ノリリスク，コルィマである．

ヴォルクタはコミ自治共和国（当時）にあり，1932年操業が開始された炭田に労働力を供給する収容所群の総称である．ソ連人以外にポーランド人，バルト三国人，そしてドイツ人捕虜が送り込まれた．日本人共産主義者，寺島儀蔵は1940年からスターリン死去の翌54年まで，ここで炭鉱労働に従事した．回想記『長い旅の記録』がある．

ノリリスクはクラスノヤルスク地方の北限に位置し，1935年にニッケル鉱山が開発されてから，銅，コバルト，石炭を含む採掘・精錬コンビナートに発展した．追放されたポーランド人，バルト三国人らが送り込まれ，大戦後は日本人抑留者も300人弱が働かされたという．

コルィマはマガダン州にあり，1931年に金鉱採掘のプロジェクトがスタートした．コルィマは本来川の名だが，収容所群の総称となり，ダリストロイ（極東建設）とも呼ばれた．著名な囚人には作家のシャラーモフ，ギンズブルグ，ゴルバートフ将軍らがいた．1939年の囚人船遭難は，原暉之『インディギルカ号の悲劇』に詳しい．日本人捕虜の回想に赤間武史『マガダン強制収容所』がある．

（無頼漢）、あるいはブラトノイ（ヤクザ）と呼ばれる職業的犯罪者は自ら働かず、賭博にふけりながら給食は余分にとるだけではなく、新参者の囚人から衣服などを奪い、気に入らない囚人をリンチし、殺害さえしても看守は手が出せない。

もう一つは、手に職を持つ者たちは、理髪師であれ、裁縫師であれ、屋外の重労働を免れ、給食も十分に受けられることである。また、手に職がない者でも、炊事・食堂担当になれば重労働を免れ、給食で有利な立場になり、他の囚人に恩を売ることもできる。

このように矯正労働収容所は、経済的に効率が悪かったばかりではない。数百万の人々を苦しめ、死に追いやり、人間の「矯正」どころか「堕落」をもたらした。『グラーグ』に紹介された囚人の言葉によれば「わずか三週間で大多数の囚人が食べること以外には関心を示さない挫折人間となっていた。動物のようにふるまい、あらゆる他人を嫌って疑い、昨日の友を生存競争のライバルと見るのだった」。

まさしく「人間が人間に対して狼となる」状態、一七世紀イギリスの思想家トマス・ホッブズの言う人間の「自然状態」を現出したのである。

II ポーランド侵攻による捕虜収容所開設

捕虜に関するジュネーヴ条約――捕虜と抑留者の違いとは

ソ連は、ロシア革命に続く内戦の終結後、いくつかの戦争を第二次世界大戦以前に経験した。一九二九年の中国東北（奉天）軍閥との奉ソ戦争、三八年には日本関東軍との張鼓峰（ちょうこほう）事件（ソ連側呼称ハサン湖戦争）、三九年のノモンハン事件（同じくハルヒン・ゴル戦争）である。いずれも比較的短期間に終わり、捕虜交換も行われたが、ソ連は右の三戦争にあたって、当時の国際法を念頭に置いていなかった。

一九二九年のジュネーヴ条約は、一九〇七年のハーグ陸戦法規を第一次世界大戦の経験を踏まえて改善したものであり、捕虜の人道的処遇を詳細に規定している。

ここには、第一次世界大戦の悲惨な経験、約九〇〇万人が捕虜となった経験を踏まえ、捕虜はどの国に属そうと基本的人権を尊重されるという原則が貫かれている。私物を所有し続け、故国の家族と文通する権利は保障され、労働をすれば賃金を与えられ、給食や医療衛生サービスを受けられるなどの待遇である。

ここで、捕虜と抑留者の違いにも触れておく。

捕虜（Prisoners of War：ＰＯＷ）とは、ジュネーヴ条約第一条にもあるように、交戦国の軍隊に所属し、または指揮下にあり、戦闘に直接または間接に（輜重（しちょう）、偵察、通信、看護などに）参加した軍人及び軍属、民間人（パルチザン、義勇兵）で、敵国に捕われた者をいう。

これに対して抑留者（Internees）とは、戦闘後に拘束された非軍人・軍属である。このため後述するように、一九四五年の日ソ戦争の場合、日本の無条件降伏後もソ連軍の戦闘行動が続いたので、拘束された日本軍将兵は捕虜か、抑留者かで論争があった。

また、捕虜ならばジュネーヴ条約により労働に対して賃金が支払われるので、それを回避するために第二次世界大戦後イギリスをはじめ英連邦諸国は、東南アジアで降伏した日本人将兵を捕虜ではなく、降伏敵国人員（Surrendered Enemy Personnel：SEP）と呼び、捕虜として扱わなかった。現実は、国際法の規定通りにはいかなかったのである。

ソ連独自の捕虜規程

ソ連はジュネーヴ条約を批准せず、一九三一年三月一九日付中央執行委員会・人民委員会議決定により、独自の捕虜規程を作成した。

三月二七日に公表された法律顧問の説明によれば、①わが国の捕虜には、ジュネーヴ条約と変わらない待遇を用意する、②ジュネーヴ条約が提供する保障の細目との重複を避けて可能な限り短い法文にするとともに、細目は法を執行する訓令の対象とする、③捕虜の処遇をソヴィエト法の原則に合致させる、という。ただし③は、将校は労働に携わる義務がないとするような特権などを認めないことを意味していた。

この法律顧問の説明には、ソヴィエト法の原則に合致させるために生ずるジュネーヴ条約との相違点も列挙されている。

①将校の特権は廃止するが、他の捕虜とは別個に収容し得ること、②捕虜には、軍人のではなく市民の待遇が及ぼされること、③労働者階級、他人の労働を搾取しない農民に属する捕虜には、ソ連に滞在する外国人と共通の根拠で政治的諸権利が与えられることである。また、④同じ民族の捕虜には、希望があれば同じ所で暮らす可能性を与えること（⑤略）、⑥階級章着用を禁じ、敬礼を指示しないこと、⑦従卒（将校の身の回りの世話をする兵卒）が禁止されることなどである。

ここでは、賃金支払いに関する相違点が意図的に無視されている。実はソ連の捕虜規程では、給与からの給養費の控除が五〇％を超えてはならないという条件が付されていた。給養費とは、給食など収容所維持の経費のことで、ジュネーヴ条約では捕虜捕獲国が負担することになっている。ところが、ソ連としては負担しないとは国際世論の手前言えなかったのであろう、五〇％までは給与から天引きしてよいと規定したのである。だが一九四一年七月の改正ではさらに後退し、賃金からの全額控除を規定することになる。

ポーランド侵攻による大量の捕虜獲得

一九三九年八月二三日の独ソ不可侵条約締結の結果、ナチ・ドイツが九月一日にポーランドに電撃的に侵攻して第二次世界大戦が始まった。ソ連は同条約の秘密付属協定に基づき、ポーランド東部を占領すべく、ノモンハン事件の停戦協定が成立した翌一七日に一挙に侵攻し、大量のポーランド将兵捕虜を獲得した。

厳密に言えば、首都ワルシャワはすでにドイツに占領され、政権はロンドンに亡命し、両国間に宣戦布告はないので、ポーランド将兵は国際法上の捕虜とは言いがたかったが、ソ連側は捕虜と見なした。これに応じて九月一九日に内務人民委員ラヴレンチー・ベリヤの捕虜収容所開設命令が出され、二三日には「捕虜収容所に関する規程」が制定される。

九月一九日の命令は、内務人民委員部に捕虜業務を担当する捕虜業務管理局を設置し、ソ連西部のカリーニン州、スモレンスク州など八ヵ所に、総収容能力六万八〇〇〇人の捕虜収容所を開設するよう指示し、所長と政治委員を任命したものである。ちなみに、捕虜収容所はかつての修道院か子ども用施設だった。

第一次世界大戦時は、どの国も捕虜管理は当該国軍の後方本部（補給担当）が行うものだった。ロシアも例外ではなく、ロシア帝国陸軍参謀本部が捕虜収容所を管轄した。だがソ連では、第二次世界大戦以前から、先に述べたように、矯正労働収容所の労働力により巨大建設プロジェクトを実現してきた内務人民委員部が、その活動の延長に捕虜収容所も管理する。内務人民委員部の権力が肥大化していたのである。なお、ナチ・ドイツでは強制収容所（コンツ・ラーゲリ Konzentrations-lager）は親衛隊の管轄下にあったが、捕虜収容所は国防軍の管轄だった。

ポーランド人捕虜一三万人の処遇

ここでは、九月二三日に制定された「捕虜収容所規程」を少し詳しく紹介しよう。

総則には、収容所の基本的任務が以下三点に示されている。①「周辺住民から隔離する条件で捕虜を給養する」、②「収容所敷地から捕虜が逃亡する可能性を排除する規制を設ける」、③「捕虜に対する煽動（せんどう）宣伝工作と大衆文化工作」である。

①②はどの国にも共通と言える。③も総力戦下では他国でも多かれ少なかれ見られるが、いかにも共産党支配の国らしい表現である。なお、「捕虜収容所規程」の前提となる「捕虜規程」は一九三一年三月一九日付ソ連中央執行委員会・人民委員会議決定がそのまま存続している。

各収容所の指導に当たるのは所長と管理部だが、その管理部が事務課、特別課、政治課、登録配属課、運営課、経理課、衛生課、所内警備班、消防隊から構成されている。このうち捕虜に対する給食や衣服の支給、収容所の営繕・整備などの一般業務を担当するのが運営課である。衛生課は、捕虜に対する医療支援、衛生処置や滅菌を施し、所内の清潔を保ち、伝染病予防策を講ずる。政治課は、捕虜に対する煽動宣伝工作と収容所職員に対する政治教育に当たる。特別課は、捕虜に対する諜報工作、つまり敵国の情報を入手し、自国のエージェントを徴募する業務を担当する部署である。

このほか九月二〇日には「捕虜の給食基準」も示達された。それによれば一人当たり一日に支給されるパンは八〇〇グラム、肉は五〇グラムとされた。のちの実態からすると過大な基準だが、実際にその通りポーランド人捕虜に支給されたかは定かではない。さらに二三日には内務人民委員部「捕虜に対する医療サービス臨時規程」、一〇月八日には内務人民委員部指令「捕虜に対する諜報工作」も定められた。こうして、捕虜収容システムが基本的に形成された。

ソ連軍は、東部占領完了までにポーランド軍将兵約一三万人を捕虜にした。九月二五日、早くもベリヤは、うち二万五〇〇〇人に道路工事をさせる命令を出している。他方で、収容所が八ヵ所、定員六万八〇〇〇しかないこともあって、約四万二〇〇〇人がドイツ占領地域出身という理由でドイツに引き渡され、ソ連に編入される西ウクライナ及び西ベロルシア出身者約四万二〇〇〇人は釈放された。

ポーランド軍捕虜の問題は本書の守備範囲外なので、「カチンの森事件」にのみ簡単に触れておく。スターリンは、一九二〇年の戦争以来隣国ポーランドを危険視し、分割後も、捕虜にとった将校らが将来の再建ポーランドの中核になりかねないと判断し、一九四〇年三〜四月スモレンスク郊外のカチンの森で、一万四七三六人を内務人民委員部部隊に殺害させた（独ソ開戦後、ドイツ国防軍が発見し、反ソ宣伝の格好の材料とした）。

また、一九三九年一一月にはフィンランドと、カレリア地峡をめぐる対立に端を発した戦争が起こったが（第一次ソ・フィン戦争）、ソ連は苦戦した。ソ連はかろうじて勝ったものの、フィンランド軍捕虜は約一〇〇〇人にすぎなかった。しかも、一九四〇年三月に講和条約が結ばれると、彼らは本国に送還された。

矯正労働収容所の処遇を引き継ぐ

結局、一九四一年六月の独ソ開戦時点でソ連国内に収容されていた外国人捕虜は、ポーランド人のみで、収容所は三ヵ所、総数二万七四三五人であった（この時点までに収容所で死亡した者は三九六人、収容所から脱走した者は一〇八二人）。のちの一九四六年四月時点で、ソ連国内の捕虜収容所は二四〇ヵ所、総数約二〇五万人に膨れ上がるが、それに比すればごくわずかだった。

しかし、捕虜収容所の開設にあたって捕虜業務管理局が、ポーランド人捕虜を扱った「大きな経験をもつ」グラーグ職員の助力を仰いだのは当然だと公文書に記録されている。先にも見た捕虜収容所規程や給食基準が、矯正労働収容所のそれを参考にして作成されたことも疑いない。

この点で、捕虜収容所は同じ内務人民委員部の管轄下にある矯正労働収容所のいわば双生児とも言うべき施設であり、矯正労働収容所の人権無視、非人道的待遇をそっくり引き継いでいる。ソ連は批准していないとはいえ、ジュネーヴ条約という国際法の存在が一定のブレーキになっていただけなのである。

なお、バム鉄道をはじめとする大規模プロジェクトは、独ソ戦争中から一九五〇年代前半まで、従来の囚人に加えて捕虜が建設に使役され、同じ管理部門（バムなら内務人民委員部／内務省鉄道建設収容所管理総局）に属していた。この点でも矯正労働収容所と捕虜収容所はリンクしている。

第1章　二〇〇万余のドイツ軍捕虜——侵略の「人的賠償」

I　独ソ戦争——ソ連軍捕虜への過酷な仕打ち

独ソ戦争は、一九四一年六月二二日のドイツのソ連侵攻に始まり、四五年五月八日のドイツの無条件件降伏で終わった（1—1）。ドイツのソ連侵攻時点でヨーロッパのほぼ全域が枢軸国の支配下にあり、イギリスのみが抗戦していた。独ソ戦開始により米英とソ連は連合国となり、ソ連は米国の武器援助を受けながら、大陸でドイツ軍及び同盟国軍の攻勢をほぼ一手に引き受けて戦うことになった。

二九ページの「ドイツ軍のソ連侵攻図」が示すように、ソ連軍は緒戦の大敗でレニングラード（現サンクト・ペテルブルグ）—モスクワ—スターリングラード（現ヴォルゴグラード）を結ぶ線まで後退し、クリミア半島やコーカサスの一部も占領された。工業地帯のかなりの

1-1　独ソ戦争の経過とソ連の捕虜政策（1939～45年）

年月日	事　項
39.08.23	独ソ不可侵条約（秘密協定）締結
39.09.01	独軍，ポーランドに侵攻．第2次世界大戦勃発
39.09.17	ソ連軍，ポーランド東部に侵攻
39.09.23	ソ連，捕虜収容所に関する規程を設ける
41.04.13	日ソ中立条約締結
41.06.06	独軍，コミッサール命令
41.06.22	独軍，ソ連に侵攻
41.06.30	ミンスク陥落
41.07.01	ソ連，「捕虜規程」改正
41.08.08	スターリン最高総司令官就任
41.08.16	スターリンの命令第270号
41.09.08	独軍，レニングラード包囲開始
41.09.30	独軍，モスクワ攻撃開始
41.12.05	ソ連軍，モスクワで反攻開始
41.12.08	日米開戦
42.05.19	ソ連軍，ケルチで敗退
42.07.17	独軍，スターリングラード攻撃開始
42.07.28	スターリンの命令第227号
42.09.13	スターリングラード市街戦開始
42.11.19	ソ連軍，スターリングラードで反攻開始
43.02.02	スターリングラードの独軍降伏
43.04.06	ソ連，収容所・企業間労働契約
43.07.05	クルスク戦車戦（～08.23）
43.07.12-13	自由ドイツ国民委員会結成
43.09.25	ソ連軍，ドニエプル渡河
43.11.06	ソ連軍，キエフ解放
43.11.27	ソ米英，テヘラン会談（～12.1）
44.01.04	レニングラード包囲打破
44.03.26	ソ連軍，ルーマニア国境到達
44.07.24	ソ連軍，ルブリン解放
44.08.01	ワルシャワ蜂起（～10.02失敗）
44.09.09	ソ連，特別規制捕虜収容所設置
44.10.20	ベオグラード解放（ソ軍＋チトー軍）
44.11.06	スターリン，日本敵視演説
45.01.30	ソ連軍，オーデル河到達
45.02.04-11	ソ米英，ヤルタ会談
45.04.05	ソ連，日ソ中立条約破棄通告
45.04.13	ソ連軍，ウィーン入城
45.05.08	ドイツ降伏

ドイツ軍のソ連侵攻図

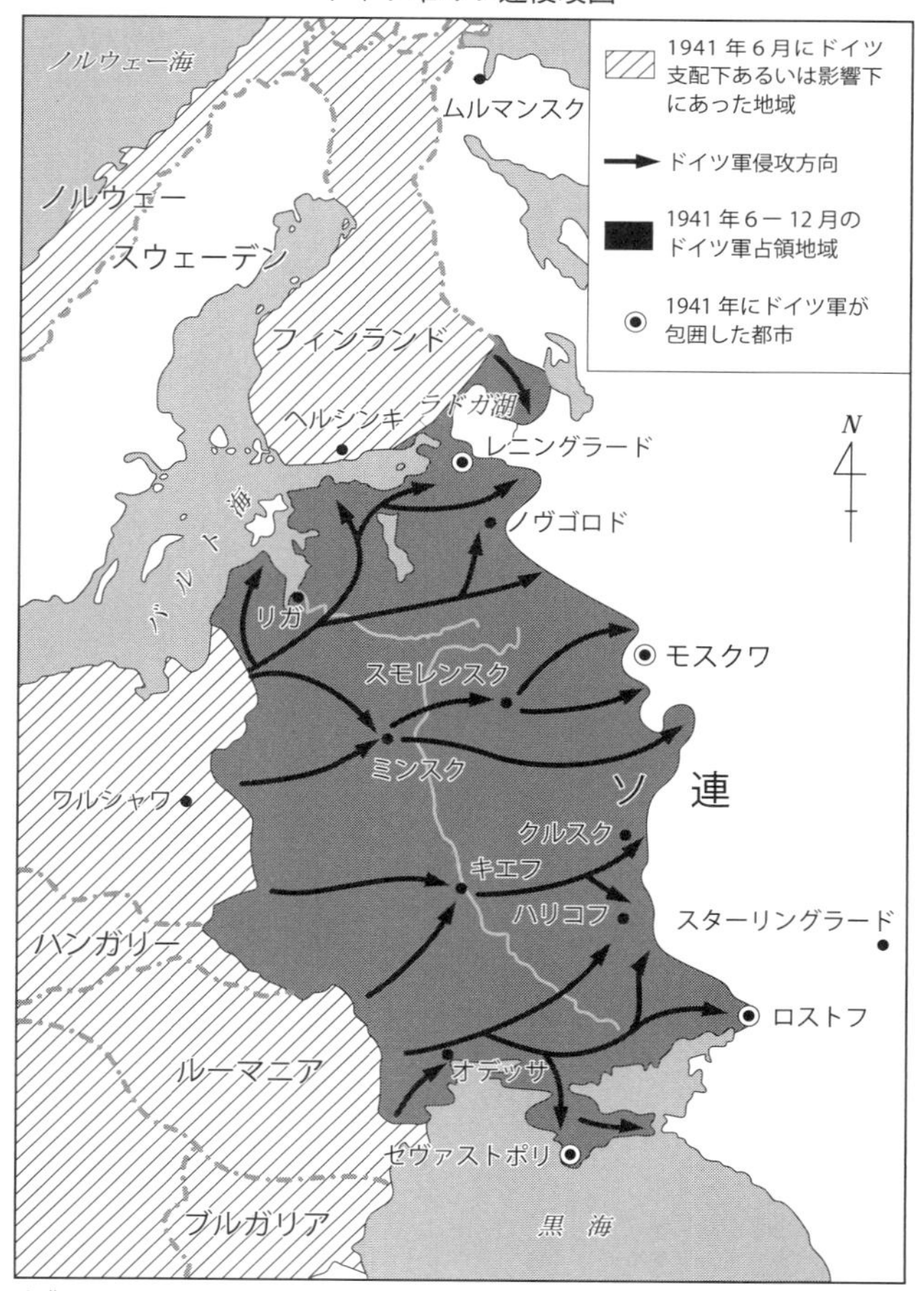

出典：ジェフリー・ロバーツ『スターリンの将軍ジューコフ』（白水社，2013年）を基に筆者作成

1-2 ドイツ及び同盟国軍とソ連軍の捕虜（年別推移）

年	独・同盟国軍*1	ソ連軍*2	ソ連軍*3
1941	9,147	2,335,482	約2,000,000
1942	46,067	1,515,221	1,339,000
1943	181,148	367,806	487,000
1944	704,853	167,563	203,000
1945	2,179,749	68,637	40,600
合計	3,120,964	4,454,709	約4,069,600

註記：独・同盟国軍の死者は462,475．ソ連軍*2は行方不明者を含む

独・同盟国軍捕虜の内訳（1945年6月26日現在）

ドイツ	1,836,315
ハンガリー	425,549
オーストリア	121,590
ルーマニア	120,357
ポーランド	35,007
イタリア	20,519
…	—
合計	2,658,469

出典：*1 *Voennoplennye v SSSR*……／*2 *Grif sekretnosti sniat*……, 1993／*3 *Novaia i noveishaia istoriia*, No. 2,1996

部分と穀倉地帯を失い、捕虜は三〇〇万人を超えた。ようやく一九四三年二月にスターリングラード攻防戦に勝利し、ウラル方面に疎開した工業の兵器生産も軌道に乗り、以降はドイツ及び同盟国軍が敗退を重ね、捕虜数は加速度的に増加した（ソ連軍、ドイツ及び同盟国軍捕虜の年別推移は1―2）。

ドイツの敗因としては、対英戦の行き詰まりを「禁じ手」の二正面戦争で打開しようとしたこと、ソ連の軍事力を過小評価し、一九四一年冬までにモスクワを陥落させて降伏に追い込めると誤算したこと、急速な占領地拡大によって補給線が伸び過ぎたこと、占領地に対する破壊と殺戮（さつりく）、収奪によって

住民をパルチザン戦争に立たせる結果になったことが挙げられる。

第2章で扱う日本軍の捕虜が「戦後捕虜」だったのに対し、ドイツ及び同盟国軍の捕虜は「戦時捕虜」であった。ウクライナをはじめ穀倉地帯を奪われたソ連は、食糧を自国軍と自国民に支給するのが精一杯で、捕虜に回す余裕がなく、それだけ死亡率も高かった。国土を荒らされ、住居を焼かれ、親兄弟姉妹を殺害された憎しみの強さのため、ソ連収容所における捕虜処遇は非人道的なものになりがちだった。

以上の概観のもとに、戦争の経過に応じたソ連人捕虜、ドイツ及び同盟国人捕虜の処遇を見ていく。

緒戦で大量のソ連軍捕虜

一九四一年六月二二日ドイツ国防軍は、かねてより準備してきた「バルバロッサ作戦」を発動した。航空機に援護された強力な装甲部隊を先頭に、同盟国軍を含め三六〇万もの大軍でソ連に侵攻した。スターリン（共産党書記長、開戦前に人民委員会議議長を兼任）が「ドイツ軍侵攻近し」という諜報機関、国境諸部隊からの情報を「挑発」として信じようとせず、防備を怠り、緒戦の大敗を招いたことはよく知られている。

ドイツ軍は六月末には早くもミンスク（ベロルシア共和国＝現ベラルーシ首都）を陥落させ、

九月上旬にはレニングラードを包囲にかかり、月末にはモスクワ前面の攻撃を開始した。ミンスク陥落の直前にソ連軍の捕虜は三〇万人に達した。

ところで、捕虜の処遇に関するジュネーヴ条約をドイツは批准していたが、ソ連は批准していなかった。奇襲を受けて敗勢のソ連の外務人民委員モロトフは、六月二七日に国際赤十字委員会スウェーデン代表の問い合わせに対する返信で、枢軸国側も提供するという条件付きで同条約に基づく捕虜情報の提供に同意した。

七月一日に人民委員会議で承認された「捕虜に関する規程」は、将校の労働義務を外すなど、一九三一年の捕虜規程をジュネーヴ条約に近づけた内容になっている。今後は協力関係に入る米英を意識してのことと思われるが、むろん、ジュネーヴ条約のような捕虜に対する権利保障の規定が弱かった。同条約総則に謳われている「人格及び名誉を尊重される権利」「私権の完全な享有能力を有する」の類いの規定は存在しない。

しかも、捕虜の定義がジュネーヴ条約の「戦闘中に敵国に拘束された軍人、軍属」を基本としたものより広く、「ソ連に抑留された敵国の民間人」まで含んでいる。さらに、労働による賃金は保障されるとあるものの、給養費は差し引かれるとしていた。

他方、ドイツは対ソ戦争を短期間で終わらせる自信もあって、スウェーデン代表の仲介に応ぜず、この戦争で条約を遵守する気など、そもそもなかった。ソ連侵攻直前の六月六日に出された通称「コミッサール命令」では、ナチが不俱戴天の敵とするユダヤ人とボリシェヴィキの殲滅を唱えていた。コミッサールとは赤軍政治委員のことで、実際ドイツ国防軍は、捕虜にとった彼らを手当たり次第に射殺した。

占領地掃討では、国家保安本部配下の行動部隊により、ユダヤ人が大量に虐殺された。ウクライナ共和国キエフ郊外のバービー・ヤールでは、南方集団軍に所属する行動部隊C下の特別行動隊がユダヤ人三万三七七一人を殺害した。ドイツ北東部に位置するダンツィヒ軍管区の収容所（三ヵ所）では、国防軍が開戦直後に三〇〇人を超える捕虜を銃殺し、約一二〇〇人を特別行動隊に引き渡して銃殺させている。

二〇〇万人に及ぶ捕虜銃殺と飢餓死

独ソ戦研究の永岑三千輝によれば、国防軍最高司令部の九月八日付「ソ連人戦時捕虜の取扱いに関する指令」には、赤軍兵士はボリシェヴィズムに毒されているので「名誉ある兵士としての、ジュネーヴ協定に従った取扱いを要求する権利を喪失している」と記されていた。ドイツがミンスクに設営した収容所には、ベルリンの「ヴィルヘルム広場ほどの空間〔七〇〇m×三〇〇mの方形の広場〕に」捕虜約一〇万人、民間人約四万人が詰め込まれていた。「ほとんどまったく身動きできず、その場で用を足さざるを得ない」ほどであり、警備は監視部隊が少数だったため「もっとも野蛮な暴力の行使によってのみ可能」だったという。捕虜は六―八日も何も食さず、飢えのため無気力状態になり、食べられそうなものは手当たり次第に口にしようとし、伝染病の恐れが日に日に増大した。

この後ドイツ軍は、一九四三年一月時点、すなわち、スターリングラード戦敗北の直前までにソ連軍将兵三三五万人を捕虜にしていたが、うち約二〇四万人が死亡したか、逃亡したか、釈放されたかである。釈放された者は、一九四二年七月ノヴゴロド北方で降伏し、ドイツ側で戦うことになったアンドレイ・ウラーソフ中将麾下の部隊などで、むろんそう多くはなかった。したがって、二〇〇万ほどの捕虜が銃殺により、あるいは飢えと病気と寒さで死亡したものと思われる。

一九四一年一一月末のウクライナ・ライヒスコミッサール（ドイツ東方省の全権代表）からベルリンへの報告によると、「衛生状態はまったく思わしくなく、捕虜の大部分はマントを持たず、多くの者はまったく不十分な靴しか履いていない」「食事はなるほど多くの収容所でわずかに改善されたが、捕虜の生存のために必要な最低限に近い栄養にもほとんど達していない」「捕虜は大部分がまったく無感情である。〔中略〕監視による捕虜の取扱いは酷いばかりではなく、しばしば不必要に残忍である」という。さらには、人肉食さえ見られたという。

ほぼ同じ頃ベルリンの食糧農業省の会議で、ソ連の捕虜及び民間人に対する給食の問題が議論されたとき、パンはライ麦の粗挽き五〇％に甜菜の搾りかす二〇％などを混ぜたものでいい、肉は馬肉か質の低い牛肉でいいと語られたという。リガ（ラトヴィア共和国首都）の収容所では、一日一二―一四時間の労働（苦役）に対して、パンは一五〇―二〇〇グラム、スープは草や腐った馬鈴薯などが入ったものだった。

一九四一―四二年のドイツ軍の野戦収容所における一日の食事は三〇〇―七〇〇カロリーにすぎなかった。後方の収容所でも一〇〇〇―一三〇〇カロリーだったが、一九四二年以降、労働しない捕虜は二〇四〇カロリー、労働する捕虜は二二〇〇カロリーに改善された。

一九四二年五月にウクライナ東部ハリコフ郊外で捕虜になり、ミュルベルク（ブランデンブルク州のエルベ河沿いの町）付近の収容所に送られたユーリー・ウラジミーロフというソ連兵は、ドイツの捕虜になった米英軍の将兵と比較した自分たちの不遇を記している。米英将兵がジュネーヴ条約に基づいて祖国から、あるいは国際赤十字社を介してチョコレート、コーヒー、タバコなどを送ってもらえるのに対し、ソ連が同条約を批准していないために自分たちはこれらの物品を得られなかったからである。

労働力活用への転換

ドイツが総力戦遂行のための労働力不足を補充すべく、ソ連人捕虜及び民間人を労働に使役する方針へと転換したのは、ようやく一九四一年末である。

独ソ戦争が長期化する様相を見せ、動員を解除して労働力に回すことができなくなったからである。ナチ・ドイツの外国人労働者問題を研究する矢野久によれば、そこには、親衛隊のソ連人を劣等人種視する人種論的・イデオロギー的立場と、ヘルマン・ゲーリングらの経済的観点との衝突があった。一〇月三一日の総統布告も、一九四二年三月の労働配置総監令も、それぞれが都合よく解釈していた。

一九四二年九月、ドイツ西北部のルール炭坑地帯の外国人の比重は二〇%に達し、その七七%をソ連人が占めていた。翌年七月初めには総統本営で、捕虜労働力の石炭産業における使役が議論され、三〇万人が投入されることになる。

ロシア人オレグ・スムィスロフの研究書に引用された、あるソ連人捕虜の日記によれば、地下三五〇メートルの暗闇のなかでの労働がまる一年続いた。一人当り毎日一〇トン、年三六五〇トンの産出高は三万ルーブルに相当するはずだが、パン一八〇キログラム、馬鈴薯、蕪(かぶ)各三六五キログラム、マーガリン一二キログラム、肉少々といった給食の費用は一〇〇〇―一五〇〇ルーブルにすぎなかった。

捕虜に対する虐待、銃殺は続いていた。バルト諸国の収容所では、一九四二—四三年の冬に発疹チフスが流行したが、ドイツ軍は防疫と称して大量銃殺を行った。スターリングラード郊外アレクセーエフカの収容所では、定員一二〇〇人のところ四〇〇〇人が詰め込まれ、一九四二年一二月、敗勢の色濃いドイツ第六軍司令部が捕虜に対する食糧供給を停止したため、大量の餓死者が出ている。

ドイツ、ポーランドの強制収容所に送られたソ連人捕虜は最も悲惨な最期を遂げた。ザクセンハウゼン収容所に送られた二万を超えるソ連人捕虜は、一九四一年のうちに一万八〇〇〇人が銃殺され、解放まで生き残ったのは二五〇〇人だったという。

「祖国への裏切り」に対する厳しい仕打ち

ソ連人捕虜は、ドイツ軍に肉体的に苦しめられただけではない。独ソ開戦後まもない八月一六日、国防人民委員兼最高総司令官スターリンは命令第二七〇号を発したが、それは捕虜になることを禁じ、捕虜の家族から国家の手当や補助金を剝奪するものである。さらに、翌一九四二年六月二四日付国家防衛委員会決定により、捕虜の成人家族は刑事責任を問われることになり、彼らを逮捕して遠隔地に流刑する権限が内務人民委員部に与えられた。ソ連人捕虜は「祖国への裏切り」で自分も家族も処罰されることに悩み、苦しんだ。捕虜からの解放後は、点検・選別収容所で審査されて懲罰的な扱いを受ける者も少なくなかったが、それは後述する。

では、捕虜となったソ連軍将兵は、ドイツ軍収容所でどう闘ったのか。

第一は脱走である。だが、これは再拘束、銃殺を覚悟した危険な行動だった。それでも、ドイツ及びヨーロッパ占領地の収容所だけでも、一九四四年五月一日までに六万六六九四人のソ連人捕虜が脱走したことがドイツ軍司令部の資料に記録されている。

第二の方法はサボタージュである。先述のウラジミーロフは「捕虜の多数は、ドイツ人監督に気づかれないように、しばしばサボタージュに出た」と回想している。ゆっくりと仕事をし、生産が上がらないようにやる、道具を壊す、機械を動かないようにするといった行動である。

第三の方法は組織的抵抗である。ドイツ領内では「捕虜兄弟同盟」が結成されたとのことだが（詳細不明）、指導者は一九四四年二月末から三月初めにかけて逮捕された。ポーランドのソビブル絶滅収容所では一九四三年一〇月、ソ連人捕虜（中尉）が指揮するユダヤ人四人の蜂起が起こっている。

スターリングラード戦後に激増した独軍捕虜

では、ソ連はドイツ及び同盟国軍の捕虜をどう扱ったのか。

一九四一年末以降ソ連軍がモスクワ前面のドイツ軍を押し返していくに伴い、ドイツ人捕虜の数が増えた。一九四二年一月の内務人民委員部回状では、捕虜を使役する工場、炭鉱などが指定された。三月の内務人民委員部訓令では、労働は一五―三〇人の作業班を単位に行われるべきこと、一日の労働時間は一二時間を超えてはならないことなどが定められ（実際には超えていたことを意味する）、捕虜の労働使役は本格的になってきた。

スターリングラードの市街戦

しかし、一九四二年を通じて捕虜で作業に出るのは半数以下であり、出ても作業ノルマは一五―二〇％しか達成しなかった。この年八月に一日黒パン三〇〇グラムなどの給食基準が定められたにもかかわらず、九月時点で内務人民委員部管轄下の捕虜一万七四五九人中五一五八人（二九・五％）が、貧弱な給食による栄養失調、ビタミン欠乏で死亡した。ちなみに、この捕虜数は少なく見えるが、収容所に後送中の者が除かれるからである。

一九四三年二月初めスターリングラード戦で敗北したドイツ軍は、第六軍司令官フリードリヒ・パウルス元帥以下約九万一〇〇〇人が投降した。すでにソ連軍による逆包囲下でパンは一日に一〇〇グラム以下の支給となり、飢え、病んでいたドイツ軍兵士は、収容初期に約二万七〇〇〇人が死亡した。

その後ソ連軍が反攻西進し、六―八月のクルスク戦に勝利し、一一月にはキエフを解放するに伴って、ドイツ人捕虜は急増する。捕虜収容所の数は一九四三年一月に四〇だったが、年末には五二に増え、一九四四年一月レニングラード包囲打破、七月ポーランドのルブリン解放といった攻勢の結果、年末には一五六に達した。

しかし、捕虜は最低限の給食、医療処置さえ受けられなかった。収容所では、飢えによる窃盗、日課違反、作業拒否と仮病が横行した。また、一九四三年中に八時間の労働日、入所後二一日の検疫期間、経済機関と収容所との標準契約内容なども定められたが、守られるような戦況ではなかった。

ソ連軍政治部によるドイツ軍に対する宣伝、投降呼びかけも活発になった。一九四四年五月二九日のビラはこう呼びかけた。

「ドイツの兵士諸君、命が惜しいけれど、捕虜になることが不名誉だと恐れてはいないか。

コラム②

ソ連軍捕虜となったビスマルクの曽孫

ビスマルクの曽孫ハインリヒ・フォン・アインジーデル伯爵は，ドイツ空軍中尉のパイロットだったが，1942年8月30日スターリングラード付近で撃墜され，捕虜になった．

11月にモスクワの収容所に移り，反ファシスト将校グループと接触，「自由ドイツ国民委員会」設立に参加し，副議長となった．しかし，ソ連と第三帝国は宣伝といい，狂信的な教条固守や思想教化といい，幹部の特権や腐敗といい，酷似していることに気づく．米英ソがドイツ東部をポーランドに割譲することと，赤軍がドイツ領に侵攻するや略奪と暴行の限りを尽くしたことがソ連離れを決定づけた．帰国して目の当たりにしたソ連占領地区の状態にも失望した．投獄を経験してから西側地区に移住した．

彼の日記は，日本では1954年に翻訳，刊行された．『ひとたびは赤旗のもとに』というタイトルは，本人の共産党員からの「転向」を示すものだが，日本のシベリア帰還者の一部の親ソ的態度に冷水を浴びせる狙いだったと思われる．

日本では，戦後直後に自殺した近衛文麿（公爵）の子息，陸軍中尉の文隆が捕虜となった．長い取調べののち自由剝奪25年の刑を受け，長期抑留者の最終帰還直前にイワノヴォ収容所で病死した．

無用な心配だ。〔中略〕スターリングラードでは九万一〇〇〇人が投降したが、パウルス元帥をはじめ二四人の将軍、二五〇〇人の将校が含まれている」。ドイツではパウルスは「名誉の戦死を遂げた」ことになっていたのである。

七月一九日の第一ベロルシア方面軍政治部は、ドイツ中央軍集団の崩壊に伴って捕虜が著しく増大しているとの認識に立って、以下のことを命令した。

①収容所長は、増大する捕虜に備えて施設を増設すること、②部隊指揮官は、捕虜を丁重に、礼儀正しく扱うこと、③捕虜全員に、拘束後五―六時間以内に温かい食事としかるべき居住施設を提供すること、④怪我人、病人の捕虜にはただちに、しかるべき医療処置を施すこと、⑤すべての私物は捕虜の手許に留めること、⑥本命令の違反者は厳罰に処せられること、である。

八月二日、ドイツ総統本営の命令は、ソ連軍政治部の宣伝、とくに「自由ドイツ国民委員会」(後述)の宣伝が効果を上げていることを認めている。

「国民委員会のプロパガンダは、ドイツ軍兵士のなかに深く浸透している。七月二〇日の事件〔クラウス・フォン・シュタウフェンベルク大佐によるヒトラー暗殺及び国防軍幹部のクーデタ未遂事件〕がより説得的に示しているのは、ドイツ軍の将軍、将校、兵士の間で、現役であれ捕虜であれ、反ヒトラー運動が可能になったことである。ドイツ国防軍統合司令部としては、『自由ドイツ国民委員会』及び『ドイツ将校連盟』の存在を公式に認めざるを得ない」

　さらに、八月八日パウルス元帥ら一七人の捕虜となった将軍たちによるヒトラーとの闘争宣言の公表は、パウルスを「名誉の戦死」と言いくるめてきたヒトラー指導部に大きな衝撃を与えた。

　ソ連の捕虜となっているドイツ軍兵士も、「パウルスまでもがヒトラーに反対するようでは、もう終わりだ」「パウルスが生きていてロシアの捕虜になっていたことを知ったとき、もう負けだと思った」と当時供述している。

ソ連による捕虜の労働使役

　一九四四年一二月五日付ベリヤのスターリン、モロトフ宛報告によれば、この時点での内務人民委員部管轄捕虜は六八万九二一人（うちドイツ人三九万八四一七人）であった。このうち労働使役に出されたのは四三万五三八八人で、人民委員部別に見ると内務（冶金工場や鉄道・空港の建設、木材調達など）五万三九七七人、建設四万八九三七人、冶金二万七〇七七人などであった。
　一九四五年一―四月、ゲオルギー・ジューコフ元帥麾下の第一ベロルシア方面軍とイワン・コーネフ元帥麾下の第一ウクライナ方面軍を主力に一六三個師団、二二〇万の大軍がドイツ国境を越えて、首都ベルリンへ進撃した。ここで、ソ連軍は略奪と暴行、とくにレイプの限りを尽くした。将兵たちは、イリヤ・エレンブルグのような著名作家に「ドイツ人を殺せ」と赤軍機関紙上で煽られたうえに、ソ連よりはるかに豊かなドイツの生活ぶりを目の当たりにして怒りを倍加させたのである。

ソ連軍には囚人兵もいた。開戦から三年半の間に矯正労働収容所及び同コロニー、監獄から釈放されて兵士となった者は、一〇三万人余りにのぼった。しかし、一般兵士も長い戦争で疲弊し、精神的に荒廃していた。ソ連が東ドイツ占領地区から工業設備を「物的賠償」と称して撤去、搬出したことはよく知られているが、個々の将兵も略奪した物資を小荷物として故郷に郵送することが認められていた。「ファシスト占領軍がわが国でやったことを繰り返してはならない」と一方では言いながらである。

こうして首都ベルリンは陥落し、五月八日にドイツは無条件降伏した。五月一八日付ベリヤ宛報告によれば、ドイツ人捕虜は一八〇万五三〇〇人、動員民間人及び逮捕者と合わせると二〇九万六六一人だった。

労働力の人民委員部別の割当予定は、石炭四四万五五七一人、建設二一万六四九〇人、冶金一四万五三四九人などであった。すでに割当済みの捕虜五五万五三〇〇人については、たとえば石炭人民委員部一〇万五三〇〇人の内訳がドンバス八万二六〇〇人、カラガンダ炭田一万四五〇〇などのように具体的に示されている。ちなみに、のちの一九四五年八月二三日付国家防衛委員会の日本軍捕虜に関する決定は、これに倣ったものである。

この戦争で二〇〇〇万を超える死者を出したソ連の最高指導部は、戦後の経済復興に不可欠な労働力としてドイツ及び同盟国軍の捕虜を使役することを、大戦の途中には決めていた。一九四三年一一月のテヘラン会談（フランクリン・ルーズヴェルト米大統領、ウィンストン・チャーチル英首相、スターリンによる戦争遂行と戦後処理のための会談）を前にして設置された戦後処理のための外務人民委員部三委員会の一つ、賠償問題を検討する委員会は、捕虜労働力の使役を「人的賠償」と位置づけたのである。

さらに、ドイツ民間人も労働に使役される。それは、一九四四年一二月一六日付国家防衛委員会決定から明らかである。ここでは、赤軍が解放したルーマニア、ユーゴスラヴィア、ハンガリー、ブルガリア、チェコスロヴァキアの労働能力あるドイツ人——男性は一七～四五歳、女性は一八～三〇歳——を、ソ連における労働のために動員、抑留することが決定されていた。

これは、ドイツがソ連人捕虜とソ連民間人＝東方労働者（オストアルバイター）（民族的にはウクライナ、ベロルシア、リトワニア、ラトヴィア、エストニア人なども含む）を占領地と本国で使役したのと表裏一体の関係にある。こうした捕虜・民間人の使役は「人的賠償」という名の報復だったとも言える。

II　ドイツ軍捕虜の運命——労働使役と劣悪な収容所

一〇四万人のソ連移送、一六二万人の配置

すでに述べたように、ソ連の捕虜収容所システムはポーランド占領後に骨格が形成された。内務人民委員部に設置された捕虜・抑留者業務管理局は、捕虜と収容所の増大に伴い、一九四五年二月に捕虜・抑留者業務管理総局に格上げされた。連邦と連邦構成一五共和国の内務人民委員部には管理総局が、内務人民委員部地方・州本部には管理局が設置された。

戦争中、捕虜はまず戦場付近の野戦収容所に入れ、ついで後送して後方の捕虜収容所に入れた。戦争終結に伴って後送が加速され、一九四五年末にはほとんどがソ連領内の捕虜収容所に収容される。独ソ戦終結二ヵ月後の七月、ソ連軍ドイツ占領地区のドイツ人捕虜約一〇四万人のソ連領内への移送が開始された。占領行政にとって、住民の反感を買う捕虜収容所は芳しくないと判断されたことは疑いない。

八月一〇日の国家防衛委員会決定により、一八〇万に及ぶ捕虜のうち七〇万八〇〇〇人が釈放、各国に送還されることになった。うちドイツ人は四一万二〇〇〇人にのぼるが、傷(しょう)

痍軍人及び労働不能者で労働使役に適さないからである。決定にはハンガリー人一五万人、ルーマニア人三万人などの釈放、送還も含まれ、九月にはルーマニア人捕虜四万人の釈放、送還が開始されたが（一万増加の理由は不明）、国境を接する同国に親ソ的な政権が成立することを期待した措置と思われる。

一九四六年二月二〇日時点のドイツ人捕虜一六二万三九六二人の地域別配置は1―3の通りである。ソ連領内のウクライナ共和国、ベロルシア共和国、クリミア自治共和国、バルト三共和国、レニングラード州など、ソ連欧州部西方に多い。それは主戦場であり、ドイツ軍に破壊された地域だけに、その復興に捕虜労働力を集中させたのである。

シベリア地域に送られたドイツ人捕虜もいたが、彼らはスヴェルドロフス

1-3　ドイツ人捕虜の地域的配置

（1946年2月20日現在）

管轄／地域名	人数
内務省捕虜収容所	
ウクライナ共和国	240,729
スヴェルドロフスク州	84,884
ベロルシア共和国	75,029
レニングラード州	61,795
ラトヴィア共和国	58,160
モスクワ州	52,060
エストニア共和国	45,002
チェリャビンスク州	41,600
クリミア自治共和国	34,987
リトワニア共和国	33,549
スターリングラード州	31,637
ロストフ州	31,610
グルジア共和国	26,029
カレロ・フィン共和国	25,748
…	
ドイツ占領地区	11,447
東プロイセン	2,244
小計	1,385,461
その他	
特別病院	76,970
赤軍独立労働大隊	140,121
西方方面軍	21,410
合計	1,623,962

出典：*Voennoplennye v SSSR*……

ク、チェリャビンスク、ケメロヴォといった重工業都市が中心で、ウラル山脈からバイカル湖までの間に多い。

捕虜の収容施設別内訳は、一九四五年一二月三〇日時点で、捕虜収容所一四二万一九五七人、特別病院六万七三六二人、方面軍所属一万四七三〇人、捕虜収容所へ後送中四四一六人、国防人民委員部独立労働大隊一四万二五七一人である。

特別病院とは、個々の収容所の医院ではなく、重症患者の治療に当たる病院である。方面軍所属とは、捕虜を捕獲した各方面軍が自ら使役するために留保した者たちである（戦後、方面軍はベロルシア、ウクライナなどの軍管区に改称）。国防人民委員部独立労働大隊とは、赤軍の用務に使役される捕虜から編成される部隊である。

独立労働大隊と特別規制収容所

この国防人民委員部の独立労働大隊は、一九四五年八月一五日の国家防衛委員会決定に基づき、国防人民委員配下の（参謀本部などと並ぶ）赤軍後方本部が管轄する部隊として、軍管区ごとに設置された。一〇月一日時点で予定の一八万二〇〇〇人は揃わず、九〇個大隊九万二三一四人であった。

一個大隊は捕虜五〇〇―一〇〇〇人で三個中隊編成、一個中隊は三個小隊編成、一個小隊

は四個分隊編成であった。大隊本部は五九人のソ連軍スタッフからなり、内訳は将校一五人、軍曹一〇人、兵卒三四人であった。この部隊の人事、財政はむろん、給養、警備、労働使役の責任を赤軍後方本部が負うとされる一方、内務人民委員部捕虜・抑留者業務管理総局及び同地方機関の監督を受け、大隊業務全権代表（監督者）及び業務通訳の任免は内務人民委員部が行うことになっていた。

独立労働大隊設置に関する赤軍後方本部長の文書には、大隊の携わる仕事の分野について建設・復旧・修理作業、木材及び建設資材の調達と指定されていた。内務人民委員部管轄の収容所の労働日が八時間を建前としているのに対し、一〇時間と長く、休日は週一日だが、休日出勤も代替休日を条件に認められていた。しかも、出勤率は登録収容人員の九〇％以上とすることが大隊長に要求されている。

なお、民間ドイツ人抑留者からなる労働大隊も存在し、こちらは内務人民委員部管轄だったが、資料も不十分なうえ、話が複雑になるので本書では言及しない。

収容所にはこのほか、特別規制収容所があった。一九四四年九月に設置された内務人民委員部管轄の捕虜収容所で、カザフ共和国カラガンダ収容所の二つの分所とマリ自治共和国スースロンゲル収容所である。

収容される捕虜は、①ドイツ占領下でソ連市民及びパルチザンに加えられた残虐行為の参加者、②敵国諜報・防諜・懲罰機関中の積極的なファシスト、③収容所及び特別病院からの脱走者、積極的に脱走を企てた者である。彼らは脱走できない、より厳しい条件に置かれ（鉄条網は通常より高く二・五メートル、二重でなく三重）、労働に際しては周辺住民から完全に隔離されるほか、労働日は一二時間であった。

この特別規制収容所は一九四八年二月に、同じ名称のまま国家保安省に移管され「特別に危険な国事犯」の収容所と位置づけられた。戦犯とされた捕虜の多くは、ロシア共和国刑法第五八条のスパイ罪、後方攪乱罪などで有罪とされたのち、そこに収容されたのである。コルィマ、ノリリスク、コミ自治共和国、カラガンダ、モルドヴァ自治共和国チェムニコフに設置され（カラガンダのみ継承）、収容定員は一〇万人だった。

劣悪な条件、高い死亡率

すでに見たように、戦争中のドイツ人捕虜の給養は、食糧や衣服、医薬品が不足し、きわめて不十分であった。一九四三年の死亡率は実に五二・五％にも達していた（1―4）。その後、死亡率は低下したが、戦争末期でもなお約八％であった。一九四五年二月二〇日時点で一二三の収容所に捕虜が五七万三三三人いたが、一月及び二月上中旬に四万八九一七人が死亡していた。うち四六の「不良」収容所には二九万五〇二四人いたが、ここでは三万三四

1-4　**ドイツ及び同盟国軍捕虜の死亡率推移**（1941〜45年6月）

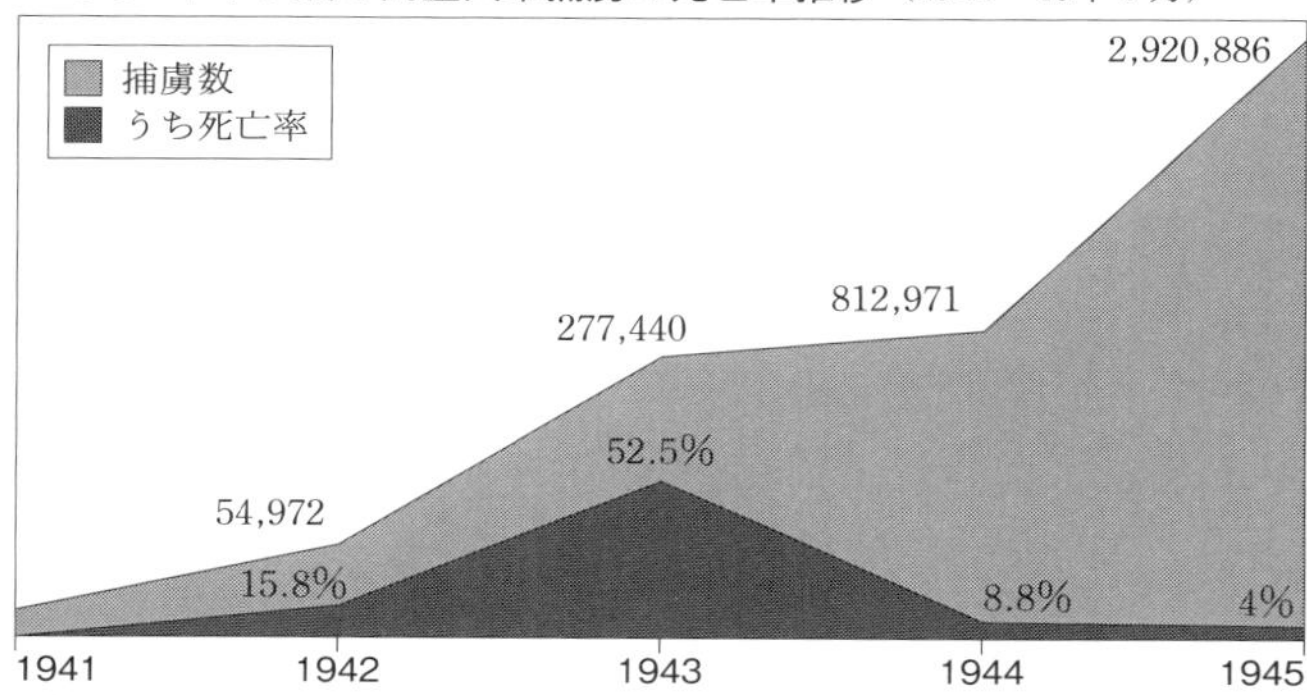

出典：Stefan Karner, *Im Archipel GUPVI Kriegsgefangenschaft und Internierung in der Sowjetunion 1941-1956*. Wien. 1995.

四〇人が死亡していた（死亡率約一〇%）。

一九四六年一―二月にいくつかの州で行われた調査に関する軍医中将A・ゼチーロフの報告のうち「不良」収容所への言及は深刻な内容であった。

①捕虜の健康状態は月を追って悪化している。労働等級一級（重労働可）が激減し、二級（中程度の労働向き）が減少し、三級（軽労働のみ）が増加し、「療養組」が激増している（次ページの絵は、日本人捕虜がスケッチしたドイツ人捕虜）。②疾病は冬期の全期間増え続け、四半期ごとに平均して三―四倍になっている。その主なものは栄養失調症四〇%、肺炎二五%である。③死亡は著しく増えたが、死因は主として栄養失調症と肺炎である。

住居は、冬期に捕虜を給養するには不足しているし、不向きである。捕虜の多数は半壊の建物、不向きな工場施設、設備の悪い事務所に住まわされている。住居の温度は八度以下であり、燃料の供給に中断があるため大きく変化している。

捕虜の大多数は季節に合った服装をしていない。古着は暖かくないし、防水靴、木製の靴にかぶせる布袋、暖かい足布がない。

医療サービスでは、収容所に不要なものが送られ、必要なものが不足している。病人を治療する器具・物品の供給が困難になっている。医療職員が不足しているのに、捕虜のなかにいる医療従事者を十分に活用していない。

やせ衰えたドイツ人捕虜，絵・竹内錦司

ドイツ人捕虜に対する給食基準は、一九四四年六月、四五年五月、四六年一一月、四七年一二月と毎年のように改定されたが、下士官・兵卒用は、一日パン六〇〇グラム、肉三〇グラム、魚一〇〇グラム、馬鈴薯六〇〇グラムなど、ほとんど変わっていない（1―5は、四五年五月改定のドイツ人捕虜に対する給食基準）。戦争中は碾き割り及びマカロニが八〇グラムだったものが戦後一〇〇グラムに、肉及び魚が八〇グラムだったのが一三〇グラムに、馬鈴薯及び野菜が五〇〇グラムだったものが馬鈴薯だけで六〇〇グラムになった程度の変化である。

1-5　**ドイツ軍等捕虜の給食基準**（1人1日グラム）

食　品	下士兵卒	特別病院入院患者	将校	将軍
黒パン（96%挽き）	600	400	300	300
小麦パン（72%）	10	200	300	300
碾き割り	90	70	100	100
混ぜ粉・小麦粉		20	10	10
米		10		
マカロニ	10	20	20	20
肉	30	80	75	120
魚	100	50	80	50
動物性油脂	15	30		
植物性油脂	15	10	10	20
バター		30	40	40
チーズ				20
トマト・ピューレ	10	10		
砂糖	17	20	40	40
茶	代用品 2	純 0.5	純 1	純 1
塩	30	20	20	20
月桂樹の葉	0.2	0.2	0.2	0.2
胡椒	0.3	0.2	0.2	0.2
芥子		0.3		
酢	2	1	1	1
馬鈴薯	600	300	400	400
馬鈴薯粉		5		
キャベツ（発酵・新鮮）	170			
人参	45			
大根	40			
玉葱	30			
きゅうり	35			
各種野菜		200	200	200
乾燥果実		10	10	10
新鮮牛乳		200		
イースト菌		500		
洗濯石鹸（月）	300			
トイレ用石鹸（月）		200	200	200
タバコ		葉10箱	巻15箱	巻20箱
マッチ（箱／月）		3	3	3

出典：*Voennoplennye v SSSR*……

戦争が終結しても食糧事情は好転しない。給食基準がほとんど変わらなかったのは、一九四六年一一月はヨーロッパ部で飢饉が始まり、四七年一二月も飢饉の影響が残っていると懸念されたからだと思われる。しかも、これらは基準であって、その通り現場で履行されたとは限らない。

なお、一九四六年一一月に「ノルマ給食」が導入された。捕虜が作業ノルマを一〇一―一二五％達成すると馬鈴薯を三〇〇グラム、一二五％以上達成するとパンを一〇〇グラム、馬鈴薯を四〇〇グラム増量するというものである。それは一九四七年一二月に廃止され、「ノルマ賃金」（後述）に一本化された。

ちなみに、赤軍独立労働大隊は、すでに見たように、戦後復興需要に応じて設置された機動的な（使い勝手のよい）捕虜作業集団という性格が色濃い。そこでは当初から居住・給食・医療衛生条件が悪く、一般の捕虜収容所に比べて死亡率が高いと内務人民委員部からたびたび批判されていた。労働日が一〇―一四時間、捕虜収容所と比べて死亡率が五倍、脱走率が七倍などのデータもある。

労働使役にいかに引き出すか

戦争中は捕虜の労働使役が芳しい状態ではなかったことは、一九四四年六月の捕虜・抑留者業務管理局長の報告からも明らかである。

収容所の捕虜（前線収容所や後送中の捕虜を除く）一七万一二一一人のうち六万七五九六人は労働不能なので、労働可能者は一〇万三六一五人、うち企業、建設サイトで働いている者は八万二七〇四人だった。第1四半期の労働可能者の出勤率は七三・二％、労働生産性（正しくは作業ノルマ達成率）は高めの報告だろうが、九八・六％だった。

ドイツ降伏後の一九四五年六月に、労働使役に関する重要な決定がなされた。

第一は、労働生産性向上と厳格な規律確立のため、収容所管理部と作業班との間に捕虜大隊（中隊、小隊）を設置し、責任者に捕虜の将校を用いると定めたことである。旧軍の階級組織を利用するメリットを認めたものと言える。

第二は、①労働意欲を刺激するため、現金給与を一〇〇ルーブルから二〇〇ルーブルへ拡大、②生産課題を遂行しない捕虜は二時間超過労働、③働きの悪い捕虜は逮捕、営倉送り、三ヵ月間まで規制の厳しい、追加食事のない懲罰組への編入、④故意の職場離脱者及び生産妨害者は軍事法廷にかける、である。

日本降伏後の九月二九日には「捕虜の労働使役規程」が定められた。第一部「捕虜の労働使役に関する訓令」、第二部「内務人民委員部捕虜収容所の生産・計画部署の業務に関する訓令」、第三部「作業契約に基づく収容所と経済機関との相互関係に関する訓令」からなっている。

第一部第一項には、捕虜の労働使役は、ソ連の工業及び建設の必要、戦争による損失の穴埋めを動機とすると明記されている。第二項には、兵卒及び下士官の労働が義務であり、労働忌避や怠慢が軍紀違反として処罰されると規定されていた。ジュネーヴ条約第二七条「健康な捕虜を労働者として使用することができる」とはトーンが異なる。

第三項「捕虜は自己の労働を以て給養費用を弁済しなければならない」は、同条約第四条「捕虜捕獲国は、捕虜を給養する義務を負う」に相当する規定がなく、捕虜による給養費用弁済義務のみを定めたものである。

第一部第一二―一四項の労働等級は、一九四二年七月に制定されていたものを踏襲していた。一級はどんな重労働にも耐えられる者、二級は中程度の労働に適した者、三級は軽労働にしか向かない者である。一、二級は同一産業部門の一般労働者と同じ労働時間働き、三級は四―六時間を超えてはならないとされた。生産課題を遂行しない捕虜には二時間の追加労働を課せること、労働組織が大・中・小隊に編成される点も組み込まれた。

第三〇項では、作業ノルマを超過達成した捕虜の現金給与が、重労働従事者の場合二〇〇ルーブル以上の稼ぎなら超過分の八五%、その他の従事者は同じく七〇%と定められた。また現金給与以外の奨励措置として、よいバラックの割当、日用品の優先的供与などが、懲罰措置として懲戒や営倉送り、文通の制限などが定められた。

第三部「作業契約に基づく収容所と経済機関との相互関係」では、経済機関からの作業指示に基づく準備と実施にかかわる双方の義務、労働生産性向上策などが定められている。しかし、生産性向上策の第一に「労働競争」と記された点が、ソ連経済の技術革新と合理化の遅れ、収容所経済における「人海戦術」頼みを端的に示している。

この現状を補うかのように、一九四五年一〇月に捕虜を技能に応じて使役すること、一一月には捕虜のなかから専門家を見出し、活用することが内務人民委員から指示されたのも当然である。後者は、一部の専門家が捕虜の身では専門を生かして働きたくないので故意に職業を隠し、あるいは正しい情報を伝えない場合があるため、収容所管理部の特務課員がアンケートを実施し、一二月一五日までに報告するよう求めたものである。

さらに一〇月二三日、冬期を前にして労働使役と健康維持の方法を改善するよう求めた内務人民委員部指令が出された。

①一、二級の捕虜の労働日は八時間とする、作業現場が三キロ以上離れている場合は徒歩往復の時間を労働時間に含める、五キロ以上の徒歩出勤は禁止する。②完全な給食の実施、一人ひとりに完全に基準に合致した食品を提供する。③一〇月以降に到着する捕虜には、二一日間の検疫期間を引き続き実施する。④野外作業の捕虜には冬用の衣類、履物を支給する。⑤整列点呼に要する時間を最小限にし、点呼は屋内で行う、といった内容である。

サボタージュと優良労働者の〝登場〟

ドイツ軍将校は、一九四五年一一月の内務人民委員部指令で階級章を剝奪された。将校はジュネーヴ条約により労働の義務を免れていたが、翌年二月の内務人民委員命令で尉官が労働に就くことになった。先に見た労働組織の大・中・小隊編成に応じた措置である。

むろん、戦後初期には生産サボタージュも見られた。たとえばウクライナのゴルロフカ市の収容所、ヴォログダ州のチェレポヴェツ収容所などである。後者では、捕虜のルドルフ・ケーニッヒが将校たちにサボタージュを呼びかけて、こう語った。「ソ連では人間による人間の搾取は廃止されたはずだが、捕虜を搾取している。これは理解できない。ソ連がわれわれ将校を帰国させないのは、われわれが西側列強についてソ連と対立することを恐れているからである」。

また、捕虜収容所でも「水増し」（トゥフタ）が見られた。捕虜の数、出勤数、作業ノルマの達成数値を水増しして賃金収入を増やし、同時に捕虜の労働能力を低めに評価して生産課題を引き下げる操作である。

このように一九四五―四六年にとられた労働使役改善の措置は、四六―四七年冬の飢饉の折には無力だったが、四七年末の配給制廃止及びデノミネーションによる通貨改革後に効果を現した。消費物資の限定された市場が安定的に機能し、賃金増額をめざして労働意欲の向上が見られるようになったからである。このことは共和国・地方・州の報告からも明らかだが、ここではシベリア地域の事例を見ておく。

一九四五―四六年、イルクーツク州タイシェット収容所、クラスノヤルスク収容所、ケメロヴォ州の第五二六収容所、アルタイ地方のルプツォフスク収容所の出勤率は六〇―九〇%、労働生産性（作業ノルマ達成率）は三二―七五%と、低かった。

ノヴォシビルスク収容所では、一九四五年一二月二一日のスターリン六六歳の誕生日にアルフォンス・レヒなる「スタハーノフ的」建築労働者（巻末の用語解説参照）が現れた。これをアクチヴ（用語解説参照）は歓迎したが、嘲笑（ちょうしょう）ないし冷笑し、非難する者もあった。しかし、物質的・道義的な刺激がしだいに人々のメンタリティを変えていった。つまり、よい労働をすれば物質的な福利が得られ、よい食事と居住条件によって健康を維持でき、それだけ帰国を早められることが理解されるようになったからだという。

炭鉱地帯のケメロヴォ州にあった第五二五収容所では、東ドイツの炭坑夫アドルフ・ヘンネッケの名を冠した「ヘンネッケ旬間」が設けられた。彼は一九四八年一〇月に採炭ノルマを三八〇%達成したが、これに倣って旬間ごとにノルマ達成率を上げていこうという運動である。この結果、一九四九年には作業ノルマを達成できない労働者は七%未満に減少したという。ソ連のスタハーノフではなく、同国人のヘンネッケを模範にしたところがミソである。

1-6　給養費の算定根拠，1946年9月16日以前／以後（捕虜1人当り月額/ルーブル）

支出項目	以前	以後
職員給与	34.5	50.46
出張手当	1.78	1.78
保険積立	0.41	0.41
管理運営費	5.15	5.15
所内作業費	0.15	0.15
職員輸送費	0.63	0.63
被収容者給養		
給食	110.21	267.44
物品	19.48	19.48
報奨金	16.13	16.13
医療	1.57	1.57
文化	0.43	0.43
輸送	3.62	3.52
その他	1.71	1.71
小計	153.15	310.38
職員食糧	5.37	7.41
特別支出	0.08	0.08
文化啓蒙	0.15	0.15
芸術用具	0.03	0.03
自動車	2.05	2.05
馬・荷車	0.58	1.03
職員物品	2.69	2.69
建設修繕	0.37	0.37
警護部隊経費	21.44	31.74
合計	228.53	414.51

出典：*Voennoplennye v SSSR*……

なお、作業ノルマを達成、超過達成した捕虜に対する現金給与の条件は月額二〇〇ルーブル超を稼ぐことだったが、一九四六年一〇月に月額四〇〇ルーブル超に（さらに四八年四月に四五六ルーブル超に）改められた。実は、捕虜の給養費がそれぞれ二〇〇、四〇〇ルーブルであり、それを捕虜が負担した残余の七〇―八五%が現金収入になるという仕組みだった（給養費の算定根拠は1―6）。つまり、現金収入は一般労働者のようには得られず、労働刺激効果はさほど大きくはなかったのである。

娯楽・文化活動と「鉄条網病」

捕虜が収容所生活に慣れ、ソ連が一九四六―四七年冬の飢饉を約二〇〇万人もの犠牲を払って凌いで以降、労働以外の時間に趣味や娯楽が登場した。それがやや洗練された文化活動については、オーストリア人研究者ステファン・カルナーが的確にまとめている。読書と朗読（ゲーテ、シラー、ハイネなど／プーシキン、トルストイ、ゴリキーなど）、音楽演奏（ベートーヴェン、チャイコフスキー、ラフマニノフなど）、演劇（シェークスピア、ゴーゴリ、チェーホフなど）、スポーツ（サッカーなど）である。

ドイツ人の音楽好きはよく知られているが、一八〇万もの捕虜のなかにはプロの音楽家、バイオリンを製作する職人もいた。文化活動がどの程度盛んだったかは収容所次第であるが、労働を免除されていた将校の収容所や優良生産者の「休息の家」では活発だったという。カルナーによれば、「文化活動、精神労働は宗教信仰と並んで捕虜に力を与え、飢えと肉体的苦痛を緩和してくれる」。

ドイツ人研究者アンドレアス・ヒルガーによれば、収容所では宗教活動も行われていた。聖職者が不足し、一人もいない収容所もあり、派遣が当局に要請された。だが帰還者のなかには、文化活動と帰国への期待が精神的支えであり、宗教的儀式や説教ではなかったという証言もある。クリスマスにはツリーを飾ったが、それは故郷と家族を想う場であり、宗教的儀式や説教はなかったというのである。

総じて捕虜が収容所でどんな精神状態だったのかを知るための資料には、当事者の回想ないし日記（何らかの方法でメモをとり、帰国後に再生）、収容所当局側の記録（事務的な記録にすぎないものが多数）がある。

あるドイツ人捕虜の回想によれば、戦時には自信満々で傲慢だった親衛隊員が「廃人」になり、無気力に陥り、自殺を試みた。別の親衛隊員は仲間から飢餓水準の給食や衣類、靴類を奪い取った。高級将校でさえ、信条に反し、恐怖からパン、バター、その他のものを盗み、時には計算ずくで反ファシストになり、同僚を売り渡した。他方では、栄養失調症、チフス、結核の仲間を命の危険を顧みずに看護する捕虜もいるなど、捕虜の精神状態はさまざまだった。

ある精神医学の専門家は、捕虜の心理を「鉄条網病」と呼んでいる。それは、捕虜がアパシー（疎外感）に完全に囚われてしまうことで、憂鬱、絶望、意気消沈、閉塞感、疲労感、愁傷、抑鬱状態、不安といった精神状態になるが、異常な環境に対する心理的な自己防衛でもあった。

夕方、疲れ果て、寒さと飢えに苦しめられた捕虜が使役から収容所に帰ってくると、そのたびに「今日ももちこたえた」と重くうめいたという。アウシュヴィッツ絶滅収容所を生き抜いたオーストリアの精神病理学者ヴィクトル・フランクルは、異常な環境に慣れると異常を感じなくなる、そうしないと精神的に持ちこたえられないのだと指摘している。

コラム③

日本人捕虜が見たドイツ人捕虜

ドイツ軍捕虜は主として欧州部とシベリア西部に，日本軍捕虜はシベリア東部と極東に移送されたから，接点は少なかった．ただし，カザフスタンのカラガンダやウクライナ，そして将校収容所では両者が接触した．

日本人捕虜の見たドイツ人捕虜は，民族的プライドが高く，合理的で，収容所当局の無理な労働強制には従う振りをしながら手抜きをして自分を守る，といったものである．エラブガ収容所にいた坂間訓一は，ドイツ人の几帳面さを評して「部屋には必ず手製の天秤計が備えてある」「仕事をしているところには，常に綱と定規とがある」と書いている．

ウクライナ・ザポロージェの収容所にいた後藤敏雄によれば，ドイツ人の民族的優越感には反発を感じさせられることもあった．ロシア人もドイツ人には一目を置いていた．ハンガリー人（同盟国軍のなかで捕虜数最大）は，ドイツ人に圧迫されてきただけに，また東洋系だということで日本人に親しみを感じているようだった．

筆者は後藤の叙述で知ったのだが，ドイツ人捕虜の尉官が国際条約に反して労働させられたのは，独ソ戦争前半にソ連人捕虜の尉官が労働させられたからだという．日本人捕虜もまた佐官以上が分離され，尉官が労働に就かされていた．

心理・精神状態——屈辱感、自己嫌悪

ロシアの卓越した捕虜研究者アレクサンドル・クズィミヌフは、ドイツ人捕虜の心理を三つの側面から分析している。

第一は「捕虜恐怖症」である。ドイツ軍もソ連軍も「捕虜になるより、戦死を選べ」と将兵に強要し、将兵は捕虜になって虐待あるいは銃殺されることを恐れて頑強に戦った。「捕虜恐怖症」は「捕虜嫌悪症」でもあり、将兵は捕虜になると屈辱感に囚われ、最初の尋問を何よりも恐れた。その際に捕虜や住民の虐殺を問われると「上官の命令だった」と、誰もが自己防衛的な心理的メカニズムを働かせたという。

第二は「ラーゲリ秩序」についてである。ジュネーヴ条約とソ連捕虜規程に従って、将校と下士官、兵卒は収容所（分所）が同じでも別個のバラックに収容されたが、兵卒は、将校当番をさせられるなど、広く不満を抱いた。呼称は「お前」から「貴方」に変わり、階級章も外されるようになったが、働かない将校が、働く下士官・兵卒よりよい食事を与えられていることに対する不満が強かった。

階級制度が緩むと、代わりに役得者が羨望（せんぼう）の目で見られるようになった。役得者とは、捕虜の最大の関心事である給食にかかわり、きつい屋外作業に出なくてすむ炊事係や食堂担当

者である。軍医・衛生兵、理髪師や仕立屋も、腕を生かして肉体労働に出ない点では役得者だった。やがて「反ファシスト政治教育」が広がると、収容所当局の手足となって活動するアクチヴが幅を利かせるようになる。

　第三に「ラーゲリの雰囲気」についてである。捕虜はまず「カルチャー・ショック」に陥る。たとえば、あるドイツ人捕虜は、同胞の重苦しい精神状態をこう記している。

「私が見たのは、顔が落ち窪(くぼ)んで顔色もさえない一ダースほどの人間だった。あご髭(ひげ)が伸びた顔は、無関心で、うつろで、人を馬鹿にしたような表情だった。奥深い、絶望の闇が映し出されていた。〔中略〕彼らは些細(ささい)なことでも互いを疑い、まるで乞食(こじき)のように、パンの屑(くず)を奪おうと罵(ののし)り合い、ブリキ製か木製の皿に盛られた水っぽいスープをがつがつと食らった。僅(わず)かな食事の正確な分配は、全神経を集中した儀式でなされた。彼らは、パヴロフの犬のように〔条件反射的に〕口から涎(よだれ)を垂らした」

　捕虜にとっては、生き抜くことが至上命題であり、そのためには何でもした。もはや、戦友としての連帯感は失われた。仲間同士の話ではもっぱら食べ物が話題で、前線では出ていた女性とセックスの話題は消えた。虜囚生活の単調さ、退屈さが堪え難く、これを紛らわせるための娯楽がおしゃべり、読書であり、戦争が終わると音楽・演劇やスポーツが当局からも奨励されるようになった。そして捕虜の誰もがホームシックに罹(かか)った。

クズィミヌフは、捕虜のトラウマや精神的疾患にも言及している。あるドイツ人兵士はポーランドでユダヤ人を射殺した記憶に悩まされた。精神的疾患が統合失調症（当時は精神分裂病）と診断されるケースもあった。さらに、虜囚生活に対する捕虜の抵抗として、逃亡、サボタージュ、仮病、自傷などを挙げている。

以上のように、ドイツ人捕虜の精神状態は多様だったが、多数は屈辱感、自己嫌悪に囚われながら、生き残るための生存競争に必死だった。この点では矯正労働収容所の「人間が人間に対して狼となる」状態と同じである。異なるのは、「遠くない将来に」帰国できる希望がある点で、それまで音楽などの娯楽、文化活動に慰め、生き甲斐を見出して堪えられた点であろう。

戦犯裁判——「四三年令」に基づく裁き

ソ連軍の反攻に伴い、捕虜中の「戦争犯罪人」に対する裁判が開始された。代表的なのは、一九四三年一二月一五—一八日にハリコフ市で行われ、「アドルフ・ヒトラー親授旗」親衛隊師団などが占領期にハリコフ市・州で行った次のような残虐行為を裁いた。

一九四一年一二月にハリコフ病院の患者九〇〇人が郊外で銃殺され、あらかじめ掘られた壕（ごう）に埋められ、なかには生き埋めにされた者もいた。一九四三年三月には八〇〇人の負傷した捕虜が病院ごと焼き殺されるか、銃殺された。占領期に殺害されたソ連市民は三万を超え、犠牲者は二歳から七〇歳までに及んだ。

このハリコフ裁判の法律的根拠は、一九四三年四月一九日付最高ソヴィエト幹部会令であった。ドイツ軍及び同盟国軍によるソ連市民及び捕虜に対する前代未聞の残虐行為・殺戮を裁くための特別立法である。

それは、次の五つの特徴を持っていた。①ソ連市民及び赤軍捕虜を殺害、虐待したドイツ人などファシスト「悪党」、またソ連市民中のスパイ及び裏切り者を絞首刑に処する。②その幇助者は、一五―二〇年間流刑して「苦役」に就かせる。③これらの人物に対する裁判は、師団付設の野戦軍法会議で行われる。④野戦軍法会議の判決は、師団長裁可ののちただちに執行される。⑤絞首刑は公開で行われ、死体は見せしめのために数日間曝される。

ハリコフ裁判の被告は、ドイツ人三人（軍人、親衛隊員、秘密警察員）とロシア人一人（親衛隊保安部ハリコフ特別行動隊の運転手）だった。彼らは先の犯罪行為を認めたが、あくまで「上からの命令に従った」と言い張った。だが、第四ウクライナ方面軍軍法会議は四人全員に絞首刑を宣告し、控訴は認められなかった。

ハリコフ裁判は、十分な証拠に基づかない、政治的な「見せしめ裁判」に他ならない。だが、戦争終結までにこの種の裁判は一〇件実施されたという。ドイツの研究者によれば、この通称「四三年令」に基づく裁判は戦後も続き、有罪判決を受けたのは合計三万七六〇〇人にも達したが、うち初期、つまり戦争中は一万七〇〇〇人だった。

ちなみに、絞首刑を免れた者が受ける「苦役」はロシア帝政時代のそれを復活したものである。三六五日、一日一一時間半にわたり働かされ、「引き延ばされた死刑」と言うべきものだった。

ソ連が行った「継続裁判」――裁かれた八七六人

一九四六年一〇月、ヘルマン・ゲーリング、ヴィルヘルム・カイテルら二四人の「主要戦犯」に対するニュルンベルク国際軍事裁判が終了した。続いて、「主要戦犯」に準ずる軍及び親衛隊幹部、企業家、法律家及び医師などに対する「継続裁判」が、アメリカの手で一二月から始まった(一九四九年四月に終了)。その一二月、ソ連による裁判継続を意図する指導部の意向を受けて、内務省は捕虜・抑留ドイツ人のなかから戦犯を摘発するよう、共和国内相、内務省地方・州本部長に指令を発した。具体的には、次の四つである。
①収容所、労働大隊、特別病院などに収容されている捕虜、抑留者のなかから一九四七年三月一日までに主要戦犯及び戦犯摘発の活動に着手する。②主要戦犯、戦犯に当たる人物それぞれにつき一件書類を作成する。③主要戦犯の監視を強化し、護衛兵を必ず付ける。④摘

発された戦犯は内務省の許可なく釈放されず、健康状態のいかんにかかわらず祖国に送還しないなどである。

この指令には、誰が戦犯に該当するかを示した一覧表が付されている。主要戦犯は、(a)秘密機関員、(b)秩序警察、(c)ナチ（国民社会主義ドイツ労働者）党、(d)ナチ党分肢組織及び付属団体（親衛隊、武装親衛隊、突撃隊、ヒトラー・ユーゲントなど）、(e)ナチ党統制団体（ドイツ労働戦線など）、(f)ナチ党叙勲者、(g)ドイツ政府高官、(h)高級軍人（参謀将校など）、(i)国民経済指導者及び自由職業人（法律家）が挙げられている。

このうち(a)には、親衛隊国家保安本部、国防軍防諜部、親衛隊保安部、ゲシュタポ（国家秘密警察）などの要員が含まれている。

一九四七年一〇―一二月には、ドイツ軍占領地域で行われた残虐行為に対する裁判がソ連各地で、非公開に実施された。スターリノ、セヴァストポリ、ボブルイスク、チェルニゴフ、ポルタヴァ、ヴィテプスク、ノヴゴロド、キシニョフ、ゴメリの九都市では一三八人の戦犯容疑者に対する裁判が行われた（うちドイツ人一一七人）。

「四三年令」に基づく裁判の判決は、自由剝奪二五年が一二八人、二〇年が九人、一五年が一人だった（一九四七年に死刑廃止）。同様の裁判が合計八七六人につき行われ、同じく「四三年令」に基づく判決が下され、すべて二五年だった。受刑者は、北極圏内ヴォルクタの矯正労働収容所に送られ、彼らのために設立された厳しい規制の分所に収容された。

III 政治教育と送還――反ファシスト要員の養成

アンティファ――ドイツ人の反ファシスト活動

捕虜のなかでの反ファシスト活動（通称アンティファ。用語解説参照）は、一九四一年一一月初めにモルドヴァ自治共和国のチェムニコフ収容所のドイツ人捕虜一五八人が「ドイツ人民へのアピール」を発したことに始まる。一九四二年五月にはタタール自治共和国のエラブガ収容所で、エルンスト・ハーデルマン大尉が一九〇〇人の捕虜を前に、ヒトラー政権を打倒し「いかに戦争を終わらせるか」という話をした。

前者は、コミンテルン（共産主義インターナショナル）執行委員会幹部会員ドミトリー・マヌイルスキーの指導のもと、赤軍政治総本部長とドイツ共産党中央委員会書記ワルター・ウルブリヒト（ソ連に亡命中、のち東ドイツ社会主義統一党書記長）が内務人民委員部捕虜・抑留者業務管理局要員を帯同して、現地で工作した結果である。

一九四一年六月のドイツのソ連侵攻以来、コミンテルンは「反ファシズム」運動を復活させ、ソ連軍の反撃とともに活気づいていた。一九四二年中にファシスト・ドイツを打倒するという楽観論さえ生まれた。ラジオ宣伝を活発にし、パルチザン闘争を強化し、捕虜工作に着手する方針がとられ、ウルブリヒトが捕虜工作のための特別委員会の委員長に就いた。スターリングラード戦勝利直後の一九四三年二月五日、コミンテルン執行委員会は決定「捕虜の間での大衆的政治工作について」を採択している。

アンティファの目的は、当時次のように規定された。①捕虜大衆を再教育し、彼らをソ連の友に変えること、②祖国解放のために、全力でヒトラー一派と配下の打倒を支援し、赤軍を援助する用意のある不屈の反ファシスト要員を育成すること、③捕虜のなかから、帰国後にファシズムと闘う積極的な参加者を育成すること、である。

この目的を実現するためのアンティファの活動は、以下のようであった。①戦争の本質と性格、ヒトラー・ドイツとヨーロッパの同盟国の敗北が避けられないことを説明する、②ファシスト・イデオロギー、ヒトラー一味の社会的デマゴギーの虚偽と略奪行為を暴露する、③ヒトラー・ドイツに隷属させられたヨーロッパ諸国民の民族解放闘争を宣伝する、④ヒトラー一派と従属諸国の共犯者を打倒すべきことを説明する、などであった。

コミンテルンは、連合国内部で革命運動を行わず、反ファシズムで協調することを示す証(あかし)として、スターリン、モロトフによって一九四三年五月に解散された。だが、一部には維持論もあり、ソ連共産党（当時は全連邦共産党）中央委員会国際情報部に諸機能を残すことになった。捕虜工作は第九九研究所に、要員ともども引き継がれた。

反ファシスト要員の養成は、マヌイルスキーとウルブリヒトの指導下に、モスクワ郊外クラスノゴルスク収容所を中心に行われた。この収容所で、国内外のユダヤ人をソ連支持にまとめるユダヤ人反ファシスト委員会（第二次世界大戦後の冷戦期には弾圧される）などと並ぶドイツ人捕虜の反ファシスト団体「自由ドイツ国民委員会」が結成される。

クラスノゴルスク収容所

自由ドイツ国民委員会とドイツ将校連盟

「自由ドイツ国民委員会」は、一九四三年七月、スターリングラード戦終結の約五ヵ月後に結成された。国民委員会は、「ドイツ国民の団結した勢力で」ヒトラーを打倒し、新たなドイツ政府を樹立することを目的としている。

結成大会では委員会メンバーに三八人が選出されたが、共産党指導者、労働組合活動家、国会議員、作家のほか二四人が捕虜だった。議長には共産主義者の作家E・ヴァイナート、副議長には三人の捕虜が選出されたが、その一人はビスマルクの曽孫ハインリヒ・フォン・アインジーデル空軍中尉である。

自由ドイツ国民委員会設立のイニシアチヴをとったのはスターリンだという説が有力である。一九四三年六月にスターリンが、赤軍政治総本部長アレクサンドル・シチェルバコフに電話し、「ドイツ人に自分たちの反ファシスト委員会を作らせるべき時がきた。指示と必要な資金を与え給え」と述べたという。モロトフは、モスクワ駐在イギリス大使A・カーに「プロパガンダの委員会だ」と、そっけなく語ったという。

綱領は、以下のようなものであった。「ドイツ国民は即時平和を必要とし、切望している。しかし、ヒトラーとはどの国も講和を結ばない。交渉しようともしない。したがって、真に国民的なドイツ人の政府を形成することが、わが国民の焦眉の任務である。このような政府にして初めて国民の、そして敵国の信頼が得られる。〔中略〕この政府はただちに軍事行動を中止し、ドイツ軍をライヒ国境〔当時のドイツ国境〕まで呼び戻し、講和につき交渉し、獲得地を手放す。〔中略〕われわれの目的は自由ドイツである。強力な民主主義的政権、無力なワイマール体制とはまったく共通点のない民主主義をめざす」。

しかし、自由ドイツ国民委員会には将軍や古参将校が入っておらず、反ヒトラー運動の中心組織としては権威と影響力に欠けていた。そこでソ連は、将軍・古参将校からなる「ドイツ将校連盟」を設立することにし、その代表にワルター・フォン・ザイドリッツ中将（第六軍総司令官パウルス元帥麾下の軍団長）を選んだ。パウルスの加入は一年遅れるが、すでに見たように、彼ら一七人の将軍たる捕虜の反ヒトラー闘争宣言は、ドイツ軍将兵と捕虜に大きな影響を与えた。

それにもかかわらず、ザイドリッツの狙いとソ連スターリン指導部の思惑は異なっていた。ドイツ将校連盟は自由ドイツ国民委員会の綱領を承認したが、共産党員も加わった後者とはやや異なり、「ドイツ国家のヒトラーからの救済」を強調した。したがって、ソ連共産党機関紙で作家たちが煽る「ドイツ人を殺せ」の宣伝には、我慢ならなかった。実際、自由ドイツ国民委員会が週刊紙『自由ドイツ』で、とくにラジオ放送「自由ドイツ」で、ドイツ軍将兵に投降をいくら呼びかけても、他方で「ドイツ人を殺せ」の宣伝が効果を相殺した。

さらに、一九四三年一一月二七日—一二月一日の米英ソ連合国によるテヘラン会談が、ポーランドにドイツ領の一部を与える点で一致したことも気に入らなかった。また、ザイドリッツは、ドイツ人捕虜からなる部隊「ドイツ解放軍」を形成してドイツ国防軍と戦うことを希望したが、ソ連指導部は許さなかった。

ポツダム会談後の解散指令

スターリンは「信頼できるドイツ人はヴィルヘルム・ピーク〔亡命ドイツ共産党指導者〕しかいない」と語っていた。シチェルバコフは、ザイドリッツが自由ドイツ国民委員会をドイツ政府と宣言したがっていると判断し、こう述べた。「われわれが赤軍の勝利のために彼らを利用するのであって、彼らがわれわれを利用するのを許してはならない」。

ザイドリッツは、一九四五年二月のヤルタ会談におけるドイツの無条件降伏と米英仏ソ四ヵ国による分割占領の決定に不満を抱き、「ドイツには一部しか残されず、ソ連の一七番目の連邦共和国にでもなる方がましなのか」と語ったという。

ドイツ敗北後七月のポツダム会談で、ドイツ東部国境がオーデル・ナイセ線に定められ、ポーランドに領土を譲ることになったとき、ポーランド東部を獲得したソ連を「赤色帝国主義」と言い放った。ドイツ将校連盟は「ドイツの愛国者」としてヒトラーに反対したのであり、領土保全、一体性の確保は前提であり、プロイセンこそ、貴族出身者が多い将校団の多数の故地だったからである。

一九四五年九月、内務人民委員部捕虜・抑留者業務管理総局長代理のA・コブーロフは、ベリヤにドイツ将校連盟解散を提案した。ベリヤはスターリンに「ポツダム会談の決定に従って、自由ドイツ国民委員会及びドイツ将校連盟を解散し、捕虜収容所における活動を停止する」と報告し、一〇月末の政治局「非公式」会議（持ち回り審議）で解散が決定された。

「ポツダム会談の決定に従って」とは、ドイツが分割占領され、捕虜も米英仏ソ各国の管理下にある以上、全ドイツ的な捕虜団体は存在の余地がなくなったという意味である。自由ドイツ国民委員会及びドイツ将校連盟の会合が召集され、そこで自ら解散したという形をとった。しかし同時に、自由ドイツ国民委員会内部での宗教者の、親ソ的でない自立的な活動も解散の動機だったのではないかと思われる。

カトリック司祭らによる反ナチ・グループ

第七六師団のカトリック従軍司祭ヨゼフ・カイザーはスターリングラード戦で捕虜になり、エラブガの将校収容所に送られていた。

カイザーは、共産主義者の作家フリードリヒ・ヴォルフやプロテスタントの牧師と協力して収容所の反ナチ・グループを拡大した(将校約一〇〇〇人中一九七人が参加)。自由ドイツ国民委員会の委員も引き受け、ラジオ放送「自由ドイツ」の説教では、ドイツ・カトリック教会のヒトラー追随を批判した。また、ドイツ人はソ連占領地域での犯罪的行動に対し国民として責任を取るべきだと訴えた。

このキリスト教倫理に基づく訴えは、共産主義者にもザイドリッツにも欠けていたものである。ちなみに、ラジオ放送「自由ドイツ」は、ドイツ国防軍が自由ドイツ国民委員会指導

ドイツ人の捕虜聖職者会議の参加者

者殺害を訴える対抗宣伝をするほど効果があったという。

カイザーは、内心ではナチ体制とスターリン体制は類似していると思いながら、「キリスト教徒と無神論者は協力できる」「われわれは東西の架け橋になる」と主張した。しかし、自立的に活動し、対等な協力を求めようとしたために、ドイツ共産党とソ連指導部からしだいに疎（うと）まれるようになる。

戦後のアンティファ——親ソ勢力拡大のために

戦後のアンティファが戦時中と違う点は、自由ドイツ国民委員会及びドイツ将校連盟のような団体を設立したもののコントロールできなくなったことを反省し、内務人民委員部捕虜・抑留者業務管理総局政治部の管轄下に、各収容所政治部を指導機関として設置したことである。

ナチ・ドイツを打倒した以上、可能な限り広範な反ファシスト団体はもはや不要になり、ソ連の復興に協力し、ドイツ占領地区で親ソ勢力を拡大するアクチヴが必要になったのである（１—７はドイツ人捕虜の占領地区別帰還先）。

1-7 ドイツ人捕虜の占領地区別帰還先

占領地区別帰還者数

占領地区	連合国全体から*1（47年1月時点）	ソ連から*2（49年10月末）
アメリカ地区	3,387,000	192,904
イギリス地区	673,101	301,616
フランス地区	222,421	60,476
ソ連地区	1,042,796	※393,974
全ドイツ合計	5,325,318	948,970
ソ連の比率	19.70%	41.52%

※ソ連からソ連地区への年別帰還者数

1946年7月後	86,222
1947	106,334
1948	119,808
1949年10月まで	81,610

出典：*1 Semiriaga／*2 Hilger

一九四五年三月のモロトフ、ゲオルギー・マレンコフ宛ゲオルギー・ディミトロフ、A・パニュシキン（外務人民委員代理）のメモ「ドイツにおける政治活動」は、ヤルタ会談直後、ドイツ降伏前の微妙な時期の文書として注目に値する。

①赤軍占領地域におけるプロパガンダは、赤軍政治部によるものと、反ファシスト団体によるものとに分けて説明されている。後者では「ファシズムの犯罪行為に対するドイツ人民の責任を認めること」「ファシストが他の諸国にもたらした損害を補償するための誠実な労働」がプロパガンダの最重要ポイントに挙げられている。

②ドイツ占領行政を支援するために主要都市に反ファシストの「臨時支援機関」を設立し、ドイツ人共産主義者（ウルブリヒトなど一〇人を列挙）が率いるようにすることが望ましい。

③アンティファ・センターであるクラスノゴルスク収容所における反ファシスト要員の養成を急ぐ（まずは三〇〇人、ついで一〇〇人、聖職者からも三〇―四〇人）。

④占領地区とドイツ軍におけるプロパガンダは各方面軍政治部、ラジオ放送、自由ドイツ国民委員会の三つの方法で行うが、『自由ドイツ』紙は部数を五万から二万―三万に削減し、紙面数も制限する。

ドイツのソ連軍占領地区における政治活動は、占領軍とドイツ人共産主義者が主導し、自由ドイツ国民委員会など各種団体の役割を制限するという意味である。

他方で、ドイツ共産党の活動にとって芳しくない現状も、一九四五年一一月三日付在ドイツ・ソ連軍民政部情報ビューローの文書で報告されている。

一つは「ドイツ人は、ヒトラーの戦争の責任を負い、償うべきだ」というスローガンが消極的な、時には公然たる抵抗にあっていること、いま一つは、「今日まで忘れられていない赤軍将兵による乱暴狼藉(ろうぜき)が共産党の増大を脅かしている」ことである。後者は、ソ連軍によるドイツ国境突破後の、とくにベルリンにおける略奪やレイプを指している。

収容所内での政治教育、スターリンへの感謝

アンティファのソ連国内における活動は、たとえばミンスク収容所の報告文書に見られる。

アンティファが最初に直面した課題は何よりも、捕虜をナチの宣伝「捕虜は銃殺される」という恐怖から解放することであった。ついで一九四五年六月、日曜反ファシスト学校が開かれ、反ファシストが養成され、そのグループが結成された。

グループの任務は戦争犯罪人を摘発すること、ソ連国民経済復興のために捕虜を誠実に働かせること、であった。一九四五年五月から一二月までに摘発された戦犯は一〇〇人超であった。多くの捕虜は労働を懲罰と見ていたので、誠実な労働は、ドイツ・ファシスト軍によってなされた悪行の償いだと説明することが要求された。

一九四六年末には、捕虜収容所における政治部設置が完了した。捕虜の政治教育の主要な形態は政治クラブ、政治学校であり、その講師を反ファシスト・グループのメンバーが務めた。

この教育の結果、かつてはドイツ東方国境を従来通り維持するという親ファシスト的な考えだった、ある捕虜は積極的な反ファシストになったという。さらに、彼は帰国後ベルリンから手紙を寄せ、「英米のドルもシューマッハー〔社会民主党党首〕のデマゴギーも、自分を収容所で学んだ正しい道から外すことはできない」と語ったとのことである。

一九四七年には反ファシスト委員会が結成されてアンティファの中心となり、四八年には壁新聞や芸術活動も登場した。帰国にあたっては集会で「ソ連の対ドイツ政策」「第一次・

第二次世界大戦の教訓」「ソ連—全世界人民の平和と安全の砦」といった報告がなされた。一九四九年には、各分所ごとにスターリンに対する感謝の手紙が作成された。

一九四八年三月に内相セルゲイ・クルグロフはスターリン、モロトフ、ベリヤ、アンドレイ・ジダーノフ（党中央委員会書記）に対して、捕虜の間での政治活動に関する報告メモを提出した。この種の文書によくあるように、集会、映画会、サークル参加者数や収容所図書室の増加などを挙げて反ファシスト活動が活発になったとするもので、新鮮味はない。

ただし、ドイツ人捕虜が反ファシスト委員会の機関紙『ナッハリヒテン（ニュース）』以外に、一九四七年一月からドイツのソ連占領地区で発行されている新聞を読めるようになって、関心が高まっていたという指摘がある。ロンドンの四ヵ国外相会談（一九四七年一一—一二月）や、ドイツ統一に対する関心である。ちなみに、外相会談は平和条約準備を議論するはずだったが、物別れに終わり、最後の外相会談となった。

送還プロセスと帰国者への工作

ドイツ人捕虜の労働不適格者を除く送還は、すでに一九四六年七月に始まっていた。一九四七年三—四月のモスクワ四ヵ国外相会談で、送還が一九四八年末までと決定され、送還プロセスがやや加速された。

ドイツに送還される捕虜はまずはブレスト・リトフスク収容所に、ついでフランクフルト・アン・デア・オーダー（オーデル河畔のフランクフルト）収容所に移送される。ここで身分が捕虜から市民に変わる手続きがなされ、ブランデンブルク州のグローネンフェルト収容所に移送されてから出身地ごとに分けられ、故郷に帰るための書類や金銭の支給を受ける。

ロシア連邦国立公文書館所蔵の閣僚会議送還全権代表部の文書のなかに、フランクフルト・アン・デア・オーダー収容所にいる捕虜が、先に帰郷した捕虜から受け取った手紙がある。イギリス占領地区に帰った元捕虜は失業が増え、自分も帰国以来四ヵ月間無職だと書いたが、他方では当局から見て芳しくない元捕虜の手紙もあった。帰郷後の「豊かな生活」を描いて「残留しているドイツ人にソ連への憎しみを植え付け、反ファシストの結束を弱めようとしている」という批判的なコメントを付された。

先述のドイツ人研究者ヒルガーは、アンティファの効果はあまりなく、ドイツ人捕虜は伝統的な国防軍の軍人精神とロシア人蔑視（べっし）を維持したと指摘している。

一九四八年一〇月までにソ連占領地区に帰還した反ファシスト教育を受けた者の七〇—八〇%が、ドイツ共産党／ドイツ社会主義統一党（四六年四月に共産党と社会民主党が合同）に加入した。しかし、反ファシストの帰還者は理論ばかりで、祖国の実情に疎いと当の共産党指導部に言われ、国家・社会の主要ポストに就けなかった。東ドイツ（ドイツ民主共和国）

は「反ファシズム」を国是とするため、ナチの過去を引きずる元捕虜は信用されなかったのである。

他方、西側地区では「戦友虐待裁判（Kameradenshinder trials）」が一九四九年に始まった。帰還者の一部が、ソ連収容所で戦友を虐待、裏切り、殺害さえしたことの廉で裁判にかけられたのである。

ドイツ連邦共和国建国の翌年、一九五〇年に帰還者同盟が結成された（占領中は復員軍人の組織は禁止）。会員五〇万もの同盟は、捕虜期間中の労働に対する補償を求め、五四年に「所属国補償」に基づく政府からの給付を勝ちとった。そこでは、反ファシスト教育を受けた帰還者は、指導的役割を何ら果たさなかった。

＊

いままで述べてきたように、ドイツ人捕虜は「戦時捕虜」であるがゆえに、まともな給食や医療サービスを受けられず、戦争中の死亡率はきわめて高かった。その点ではソ連人捕虜も同じだった。しかし、ドイツ人捕虜は敗戦国の捕虜ゆえに「人的賠償」の名の下に過酷な労働を強いられた。戦中・戦後を通して収容所における待遇は非人道的だった。そこに独ソ戦争前半の国土破壊と大量殺戮に対するソ連側の報復の心理も働いていたことは疑いない。

ドイツの領土割譲と分割占領・国家分裂は連合国の政策だったが、領土を獲得し、工業設備を持ち去り、市民に略奪・暴行を働いたソ連にドイツ人全体も、ドイツ人捕虜も敵意を向けた。ソ連による捕虜に対する反ファシズムの政治教育がある程度受け入れられたとしても、ソ連の現実の行動が帳消しにしていた。

こうして西ドイツでは、ドイツ軍によるユダヤ人及びソ連人殺害を不問に付して、ソ連及びスターリンの悪業を一方的に非難する戦争観、捕虜観が形成されていく。他方で、東ドイツでは、ソ連批判はタブーであり、帰還者は社会主義統一党による新国家建設のなかで沈黙を強いられ、二義的な役割しか果たさなかった。

第2章

満洲から移送された日本軍捕虜——ソ連・モンゴル抑留

I 日ソ戦争——満洲制圧と日本軍捕虜六〇万人

日本の対ソ政策と防備

一九四五年八月九日、ソ連は日本との戦争に踏み切った。四月五日にソ連は日ソ中立条約不延長を通告したが、一年間は有効だったので、条約違反は明らかである。ソ連は、また後継国家ロシアも、ヤルタ協定による対日参戦義務の方が優先すると主張している。しかしヤルタ協定は秘密裏に結ばれたものであり（南樺太、千島などのソ連引き渡しを含む／一年後の一九四六年二月一一日に公表）、連合国の戦争指導原則「大西洋憲章」の無賠償・無併合方針に違反している。

ただし、大本営陸軍部幕僚は、ヤルタ秘密協定のうち少なくともソ連対日参戦を在外公館

満洲全図（1945年 8 月）

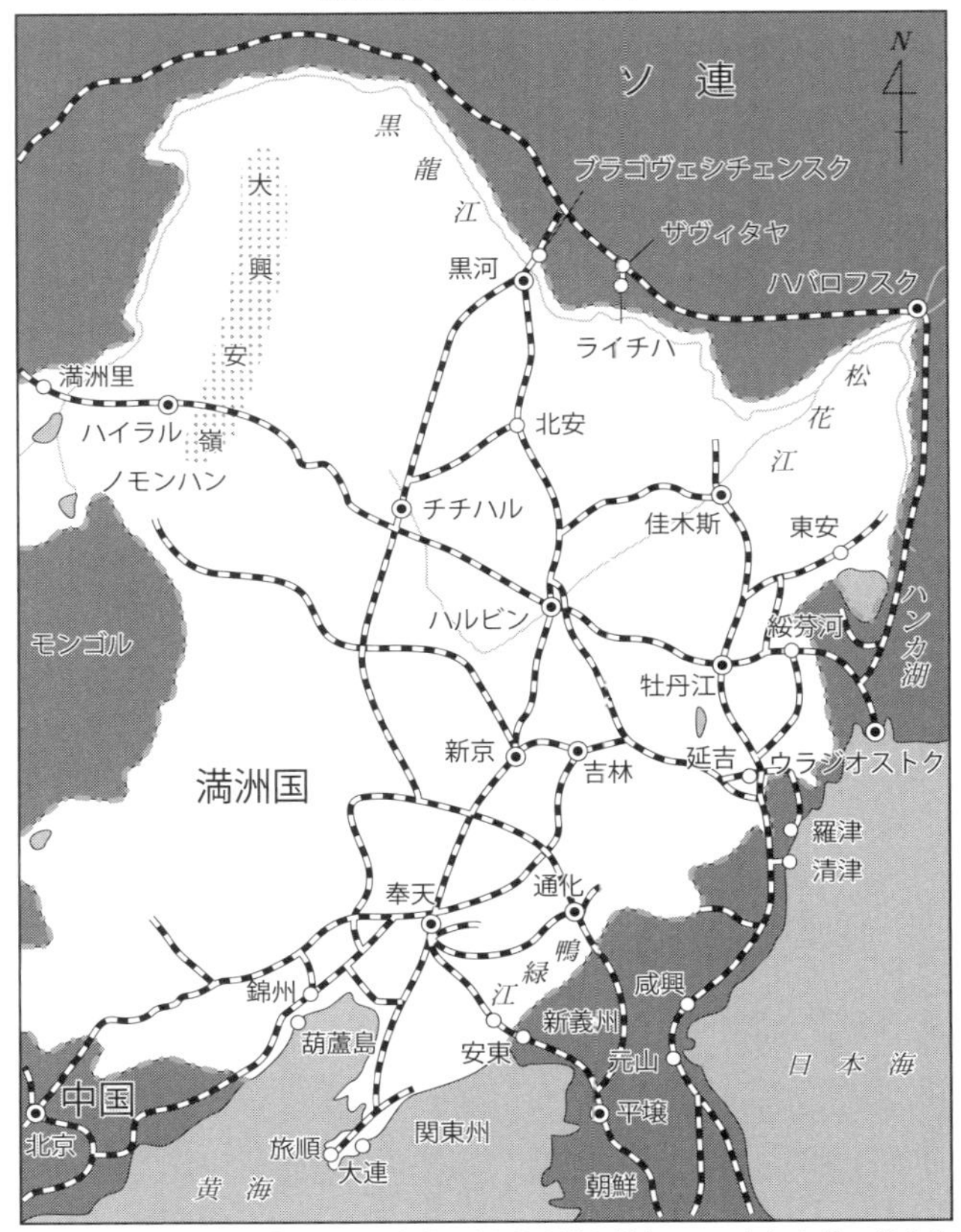

出典：生田美智子編『女たちの満洲』（大阪大学出版会，2015年）を基に筆者作成

武官（ストックホルム駐在の小野寺信大佐ら）からの報告で知っていた。五月八日のドイツ降伏後には、モスクワ駐在武官はソ連軍戦車などの極東への輸送を報告していた。しかし、これらを陸軍部幕僚は政府・軍部の最高指導者たちに上申しなかった。

最高戦争指導会議（首相、外相、陸相、海相、陸軍参謀総長、海軍軍令部総長）は、六月二三日の沖縄戦敗北後、ソ連による対米英戦争の和平仲介に望みをつないでいた。七月二六日の日本に無条件降伏を求めるポツダム宣言も、それが米英中三国の名で発表され、ソ連が入っていなかったことから、彼らは和平仲介幻想を維持し、ポツダム宣言を「黙殺」した。そこに広島、長崎への原爆投下とソ連参戦を招いた大きな要因があることは疑いない。

当時、満洲に駐屯していた関東軍は兵力を南方に送っていたため著しく弱体化していた。七月に満洲での現地召集、少年から中年までの「根こそぎ動員」が完了したが、新兵に銃が行き渡らないほど、武器弾薬が不足していた。

日本の軍部は、ソ連の対日参戦を「早くて九月」と見ていた。その場合朝鮮は死守するが、満洲の大部分は放棄するという方針であり、総司令部を新京（現長春）から朝鮮国境に近い通化に後退させることを予定していた。ソ満国境地帯の要塞構築も不十分であり、強力な部隊を貼り付けていなかった。

極東ソ連軍と日本軍（本土防衛軍を除く関東軍、朝鮮軍、南樺太・千島駐屯軍）の兵力を比較すると、兵員数では約一七五万対約一一八万（三対二）であり、大砲、戦車、航空機の保有量では較差はさらに大きかった（2―1）。ソ連軍には対独戦争を終えたばかりの将兵が数多くいた一方、日本軍将兵は、一部の中国戦線から戻された部隊を除き実戦経験に乏しかった。

2-1　極東ソ連軍と日本軍の兵力

	ソ連軍	日本軍	勢力比
兵　員	1,747,500	1,178,400	1.5:1
大砲・迫撃砲	29,835	6,640	4.5:1
戦車・装甲車	5,250	1,215	4.4:1
戦闘機	5,171	1,907	2.7:1

註記：日本軍の内訳は，関東軍75万＋第17方面軍（中・南朝鮮）30.8万＋第5方面軍（南樺太・千島）10.9万
出典：Cherevko, Kirichenko

ソ連参戦と戦争終結時期の認識差――捕虜か抑留者か

八月九日未明に極東ソ連軍が以下の三方面から満洲に大挙侵攻したとき、関東軍総司令部が全面的反撃を命令しても、実行できなかった。

西北方面のモンゴル国境から侵攻したザバイカル方面軍及びモンゴル人民共和国軍は、ハイラル要塞など一部で激しい抵抗を受けたが、八月一一日には大興安嶺を突破して、中央満洲平原に到達した。さらに一日数十キロの速度で、ほとんど抵抗を受けずに南下した。

第二極東方面軍はアムール小艦隊との共同作戦で、ブラゴヴェシチェンスクからアムール河対岸の黒河に上陸し、ハバロフスク南西部でも渡河した。さらに、小興安嶺を越えてハルビンに進撃する。

第一極東方面軍は、沿海地方から虎頭、綏芬河（すいふんが）、東寧などの地点で侵攻した。綏芬河から

西進した方面軍第五軍は、牡丹江前面の穆稜（ムーリン）で関東軍第一方面軍第五軍の第一二四師団と八月一一日から一三日にかけて交戦した。これに参加した松本茂雄の回想記によれば、兵力はソ連軍一五万に対し、日本軍一万五〇〇〇で、師団はほとんど壊滅した。東寧及び虎頭要塞では激しく抵抗し、守備隊が玉砕したのはそれぞれ終戦詔勅後の八月一九日、二六日である。

松本が近年防衛研究所で見つけた「関東軍作戦計画訓令」（昭和二〇年一月）中の「対ソ持久戦考案の基本方針」には、次のように記されていた。「持久作戦による主たる抵抗は国境地帯に於（おい）て行い、これがため兵の重点は成る可（べ）く前方〔国境寄り〕に置き、これら抗戦部隊はその地域内に於て玉砕せしめる。兵力の二重使用、武器資材の追送補給は原則として予定しない」。松本が憤るとおり、まさに棄兵である。

八月一四日のポツダム宣言受諾の御前会議決定に基づく終戦の詔勅は、満洲にも伝えられ、大本営からの停戦及び武装解除の命令も関東軍総司令部に下達された。こうして八月一九日、ソ満国境ハンカ（興凱）湖付近のジャリコーヴォで停戦会談が開かれ、秦彦三郎総参謀長は極東ソ連軍総司令官アレクサンドル・ワシレフスキー元帥の要求を受け入れ、停戦と武装解除が即日実施された。

九月一二日の共産党機関紙『プラウダ』によれば、九月五日の歯舞諸島占領までの期間中死者はソ連側八二一〇人、日本側約八万人だった。日本軍の捕虜は、朝鮮人・台湾人の軍人・軍属を含めて五九万四〇〇〇人にのぼった。

しかし、降伏した日本軍将兵の多くは、自分たちが捕虜になったとは思ってはいない。八月一七日に昭和天皇が「陸海軍軍人に賜りたる降伏に関する勅語」を発し、翌日大本営陸軍部が「詔書渙発以後敵軍の勢力下に入りたる帝国軍人軍属を俘虜と認めず」なる命令を発したからである。戦陣訓（一九四一年一月）の「生きて虜囚の辱しめを受けず」の精神に拘束されていた日本軍将兵は、これによって容易に武装解除し、ソ連軍に降伏することができた。

しかし、ソ連側から見れば、天皇の「終戦詔書」やジャリコーヴォ停戦会談があろうがなかろうが、ヤルタ密約で保障された歯舞諸島を占領する九月五日までは戦争は継続しているとしていた。実際に抗戦したか否かにかかわりなく、その間に拘束した日本軍将兵はすべて捕虜なのである。さらに、第1章で見たように、ソ連の捕虜概念はジュネーヴ条約の規定より広く、満洲国の官吏や満鉄職員、協和会（一九三二年発足の五族協和のための団体）役員なども捕虜扱いした。だが、条約に従うならば抑留者（正しくは被抑留者）と言うべきであった。

満洲の野戦収容所で大量死

極東ソ連軍に捕獲された日本軍将兵は、一〇〇〇人単位の作業大隊（軍制の部隊名を避け、労働集団を予定）に編成され、満洲の一九の野戦収容所に収容されることになった。

作業大隊は第一極東方面軍が二〇四、第二極東方面軍が一〇二、ザバイカル方面軍が一九六、合計五〇二、人数にして五〇万二〇〇〇人である。この人数は、後述の八月二三日国家防衛委員会決定の五〇万という数字とほぼ合致する。

野戦収容所は、第一極東方面軍第一軍が牡丹江二ヵ所と拉古一ヵ所の計三ヵ所、第五軍が吉林など三ヵ所、第二五軍が古茂山、平壌など六ヵ所、第二極東方面軍は孫呉、佳木斯（ジャムス）など四ヵ所、ザバイカル方面軍はハルビン、長春（新京）、奉天の三ヵ所、合計一九ヵ所である。しかし、捕獲予定数と捕獲の実数が食い違うために、各地で増設されたようである。

牡丹江には、第一極東方面軍第一軍の野戦収容所が、捕虜用五ヵ所（四万八二〇〇人）と抑留者用二ヵ所（一万三一〇〇人）存在したと公文書にはある。捕虜用収容所は予定の二ヵ所を上回っており、抑留者用の収容人員は多すぎる（実際には満洲全体で六六五八人）。九月末の調査によれば、収容所は設備の貧弱なバラック、厩舎（きゅうしゃ）、倉庫、または半壊状態の兵舎だった。窓にガラスがなく、壁は崩れ、暖房がなかった。

ある野戦収容所では捕虜が直に地べたに眠るので、疾病率は高かった。また、水源を確保できず、捕虜に温かい湯を提供できないことが胃腸病の原因の一つとなった。捕虜に対する給食では、パンが毎日は支給されず、支給されても一日九〇―一五〇グラムにすぎなかった（のちの給食基準では三〇〇グラム）。給食が比較的まともな別の収容所でも、栄養価は一日二〇〇〇―二二〇〇カロリーであった（当時は三五〇〇カロリー摂取が標準）。かなりの捕虜が冬用衣服を持たず、肌着の替えがない状態だった。

このため病人や死者が続出し、死者は全満洲で一万五九八六人に及んだ。野戦収容所の実態を伝える公文書はロシア国防省中央公文書館に所蔵されているが、ほとんど公開されていない。

満洲留置からソ連移送へ

ところで、八月一六日ワシレフスキー元帥は、内務人民委員ベリヤ、参謀総長アレクセイ・アントーノフ、国防人民委員代理ニコライ・ブルガーニン連名の指示を受けたが、そこには投降した日本軍将兵は現地に留めるとあった。

だが、八月二三日に伝えられた国家防衛委員会（戦時の最高決定機関、議長スターリン）決定は「日本軍捕虜の受入、配置、労働使役」に関する決定と題され、「極東部、シベリアの環境下での労働に肉体面で適した」日本軍捕虜を五〇万人選別し、ソ連領内に移送するよう求め、その移送先と割当数を指示していた。

ソ連は参戦の日にポツダム宣言に加入しながら、早くも宣言第九項「武装解除後の家庭復帰」に違反したわけである。

この変化については、八月一六日にスターリンが電報で行った北海道北半部占領の要求を、一八日にハリー・トルーマン米大統領が拒否したために対抗措置として捕虜のソ連移送に変更したという解釈があるが、公文書による裏付けがない。ソ連はすでに一八〇万ものドイツ人捕虜などを領内に移送して、生産や都市の復興の労働力として「賠償」の位置づけで使役しており、日本人捕虜のソ連移送も当然視していただろう。

それでも八月一六日時点で「満洲留置」としたのは、モロトフ外務人民委員やヤコフ・マリク駐日大使がポツダム宣言第九項に配慮し、連合国との協調を尊重すべしと主張したためではないかと思われる。彼らは、六月段階で共産党政治局、軍最高幹部の間で北海道占領計画が議論されたとき、ヤルタ秘密協定の範囲を超えるとして慎重論を唱えてもいた。

では、ソ連領内への移送になぜ踏み切ったのか。たしかに、トルーマンはスターリンの北海道一部占領の要求を拒否した。他方で連合国軍総司令官一般命令第一号（日本軍の降伏相手の連合国を地域ごとに指定）原案では、ソ連軍に降伏すべきは満洲、南樺太、北朝鮮の日本軍としていたのを、千島を加えて修正する譲歩もしている。スターリンとしては、これでヤルタ秘密協定が確実に実施されることになり、国力に勝るアメリカに従わざるを得ないが、ソ連軍占領地域に関しては米国に文句は言われまいと、日本軍将兵のソ連移送に踏み切ったのである。

「労務提供」説と捕虜の総数

ソ連による日本軍将兵抑留には「日本軍国主義復活」を阻止する狙いもあった。スターリンは、のちになるが一二月三〇日に、蔣経国（蔣介石の子息でモスクワ滞在）に、日本が第一次世界大戦後のドイツのように再起しないよう、軍人、とくに将校団を拘束しておくと語っている。アメリカ占領下の日本に捕虜を送還すると、米国主導で軍隊を復活させるのではないかとも危惧したであろう。

なお、根強く主張されている日本政府・軍部首脳によるソ連への将兵引渡し「密約」説に言及しておきたい。この説は、八月一九日のジャリコーヴォ停戦会談の際に、関東軍参謀の瀬島龍三が日本人捕虜の労務提供を申し出たというものである。だが、それは状況から考えにくい。停戦会談はソ連側の一方的な命令伝達の場であり、日本側は恐る恐る将校の帯刀などを願い出ていた。また、その後大本営参謀・特使の朝枝繁春中佐が二一日に口頭でソ連側に伝え、二六日付文書に記した「労務提供」の場所は満洲と読め、ソ連移送は想像もしていなかった。

たしかに、ソ連参戦前に最高戦争指導会議が決定したソ連による対米英戦争「和平仲介要綱」には、条件として「労務提供」があった。日本政府・軍部首脳は「国体護持」のために将兵を働かせることも躊躇しなかったと言える。八月一四日の在外公館への指示にも、本土が食糧難のため在外日本人はしばらく現地に残留させせよとあった。まさしく「棄民・棄兵」政策に他ならないが、それでもソ連移送までは想定していなかった。

日本軍捕虜数に関する確定的な数字は存在しない。捕虜総数は九月一二日『プラウダ』発表の五九万四〇〇〇人であり、その後も公式にはこの数字が維持された。しかし、内部文書にはさまざまなデータがあった。

一九四六年二月二六日付の内務人民委員部（三月から内務省）による国家防衛委員会決定履行状況報告によれば、五九万四〇〇〇人中ソ連移送は四九万九八〇七人（残りの病人、負傷者、労働不適格者、または日本国籍ではない者は残留）であった。さらに一年後の一九四七年二月二〇日時点の捕虜・抑留者業務管理総局による内相宛報告では、捕虜総数六一万六八八六人、ソ連移送五三万三二二五人とともに増え、初めて野戦収容所での死亡一万五九八六人などが記された（日本人捕虜収容所の分布図、2—2参照）。

不潔な貨車による北送

日本軍捕虜のソ連移送は、野戦収容所から鉄道、河川を利用し、一部では徒歩行軍させて実施された。この捕虜移送の実態を伝える公文書も多くはないが、地方公文書館には存在す

レナ川
マガダン
ペトロパヴロフスク
オホーツク海
ニコラエフスク
オハ
サハリン
ムーリー
ワニノ
ソフガヴァニ
コムソモリスク
ハバロフスク
ブラーツク
トゥインダ
バム鉄道
ブラゴヴェシチェンスク
ウルガル
バム
スレチェンスク
ライチハ
ブレーヤ
イズヴェストコーヴァヤ
ビロビジャン
イルクーツク
バイカル湖
チタ
ウラン・ウデ
満洲里
圭木斯
イマン
ウスリースク（ヴォロシーロフ）
チチハル
ハルビン
ナホトカ
ウラジオストク
ポシエト
ウランバートル
長春
瀋陽
平壌
モンゴル
大連
ソウル
釜山
中国

筆者作成

日本人捕虜収容所の分布図（1947年頃）

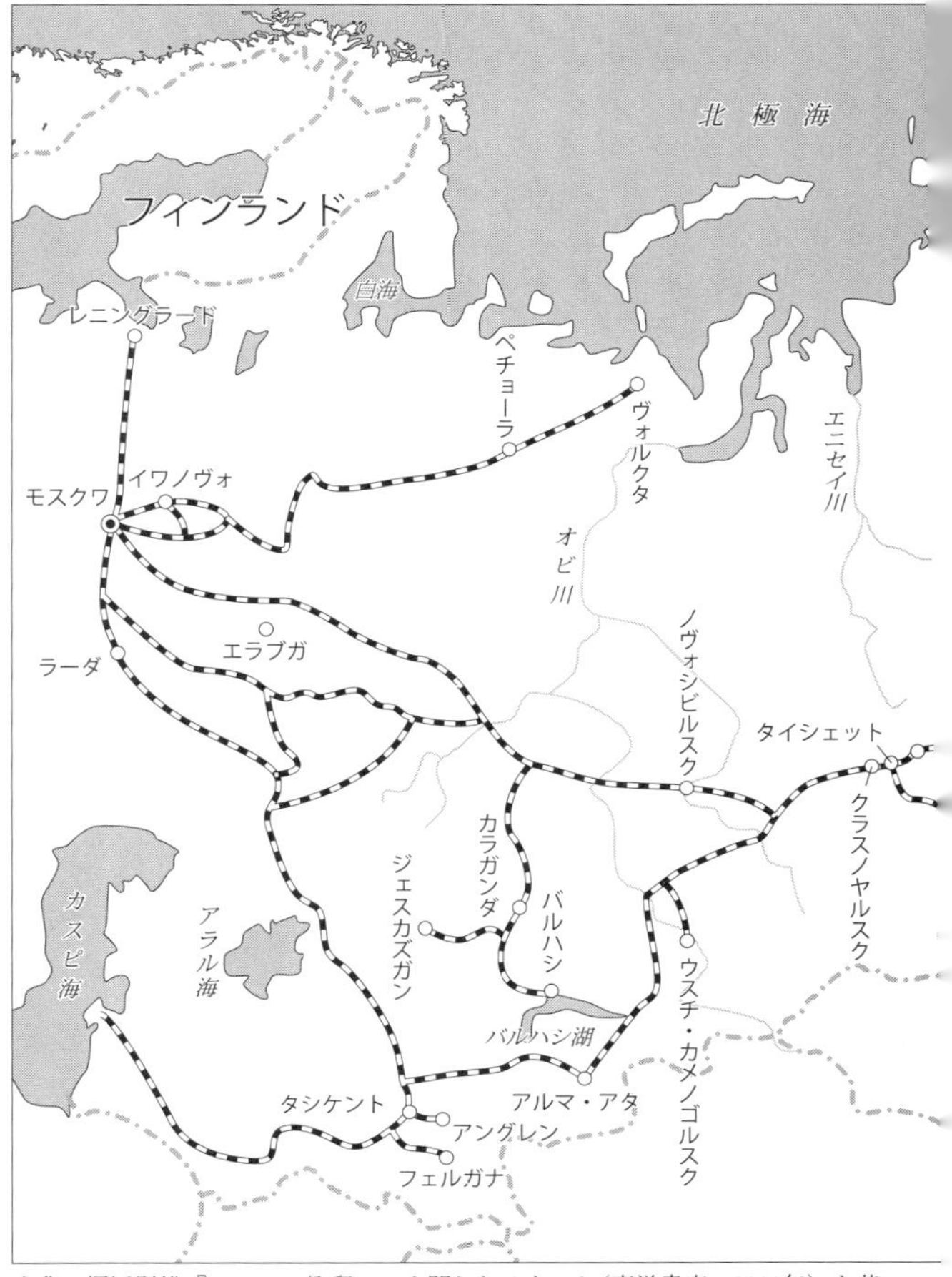

出典：堀江則雄『シベリア抑留　いま問われるもの』（東洋書店，2001年）を基に

る。ハバロフスク地方の諸収容所に移送された捕虜に関する、内務人民委員部同地方本部長の報告を見てみよう。

ハバロフスク市の北方に位置するコムソモリスク・ナ・アムーレ（以下、コムソモリスク）

配列．捕虜数は断りのない限り1947年2月20日現在）

主要産業・建設	備　考
	各捕虜数は46年6月1日現在
鉄道，木材	
港湾，鉄道	港で，バム鉄道の東端
石炭	同州は48年8月同地方より分離
鉄道，木材	
鉄道，木材	
鉄道，木材	同州は48年8月同地方より分離
行政，公共事業	
木材	
製鉄，軍需産業	
石炭	同州は48年8月同地方より分離
水運（アムール川）	同上
木材	
石油	
農業	
漁業	
	各捕虜数は46年2月1日現在
港湾	
非鉄金属	
石炭	
石炭	
港湾，石炭	
木材	
木材	
石炭	
非鉄金属，木材	
石炭，金	バレイに金山
	24収容所に隣接
	各捕虜数は45年12月30日現在
鉄道，木材	バム鉄道の西端

2-2　**日本人の捕虜収容所：所在と特徴**（6000人以上をおおむね東から

番号	共和国・地方・州／所在地	分所数	捕虜・抑留者数
	ハバロフスク地方		162,562
1	ムーリー		26,086
2	ソフガヴァニ（ソヴェツカヤ・ガヴァニ）		17,336
3	ブレーヤ（アムール州）		4,380
4	イズヴェストコーヴァヤ		22,258
5	フルムリ		18,145
6	スコヴォロディノ（アムール州）		
16	ハバロフスク市	22	10,191
17	ホール	14	6,642
18	コムソモリスク・ナ・アムーレ	14	11,408
19	ライチヒンスク（アムール州）	8	10,297
20	ブラゴヴェシチェンスク（同州）	18	9,748
21	ニコラエフスク・ナ・アムーレ		5,116
22	オハ（北サハリン）	5	1,927
46	ビロビジャン（ユダヤ自治州）	10	6,388
48	セヴェロ・クリリスク（パラムシル島）		1,000
	沿海地方		66,470
9	ナホトカ	9	6,411
10	テチューへ	4	2,010
11	スーチャン	8	8,157
12	アルチョム	8	10,311
13	ウラジオストク	16	8,031
14	ウォロシーロフ	20	4,544
15	セミョーノフカ	17	7,540
	チタ州		33,011
23	ブカチャチャ	5	
24	チタ市	34	24,166
25	スレチェンスク		
52	カダラ	24	
	ブリャート・モンゴル自治共和国		14,585
28	ガラドーク		
30	ウラン・ウデ		
	イルクーツク州		55,011
7	タイシェット	50	39,086
8	ノヴォ・グリシェヴォ		1,445

石炭	
機械，水運	アンガラ河岸
	各捕虜数は46年１月25日現在
石炭，木材，運河	
機械，石炭	カンスクに炭鉱
石炭	10,599とも．他にドイツ人捕虜
	将校収容所（日・独など）
	各捕虜数は46年２月１日現在
農業	
銅	
銅，石炭	44年から規制収容所に
機械	
水力発電	
石炭	ドイツ人14,945
ダム	
水力発電	他にドイツ人捕虜
石炭，運河	
農業機械，織物	

収容所に、捕虜の最初の梯団（ていだん）（用語解説参照）一九九五人が到着したのは一九四五年九月一八日だった。彼らは衰弱しており（九三人即時入院）、四二三人が栄養失調の状態だった。二八日に到着した第二の梯団三八六三人からは、一三七人の死者が出た。彼らは予備食糧がなく、この時期にはもはや不適切な夏服を着用していた。

梯団車両の衛生状態は悪く、捕虜は虱だらけだった。チフスに罹っている者があり、赤痢も多かった。梯団車両が運搬した予備食糧は一五―二〇日分しかなく、それも碾（ひ）き割り粉（高粱（コーリャン）、粟（あわ））とわずかな油と肉という程度だったため、受入＝収容を拒否する場合さえあった。

このコムソモリスク収容所の第二分所に入った松本茂雄は次のように回想している。「私は捕虜の身で貨

31	チェレンホヴォ		8,875
32	イルクーツク市		14,494
	クラスノヤルスク地方		17,971
33	アバカン	7	5,585
34	クラスノヤルスク市	11	14,624
	ケメロヴォ州		6,385
	アルタイ地方		9,063
	タタール自治共和国		
97	エラブガ		9,444
	カザフスタン共和国		36,659
29	パフタ・アラル		
37	バルハシ	1	1,444
39	ジェスカズガン	2	1,783
40	アルマ・アタ	5	
45	ウスチ・カメノゴルスク		
99	カラガンダ	21	11,571
468	クズィル・オルダ		
	ウズベキスタン共和国		23,682
26	ファルハド	8	4,445
372	アングレン		
386	タシケント	15	
387	フェルガナ		

車輸送も予想はしていたが、この不潔な貨車に家畜を入れるように、あるいはこれほど厳重に獣を輸送するように監禁するとは思っていなかった」。

「十月上旬のシベリアは既に冬が訪れ、貨車の中は物凄く寒かった。走行中は扉の隙間風や換気窓から氷のように冷たい風がどんどん入って来る。〔中略〕扉の隙間からは代わる代わる放尿した。下痢は床の隅に開けられた小さな穴から用を足すしかない。多くの者が順番を待ちきれぬ程、次から次と下痢便を排出した。〔中略〕貨車の中に便の悪臭が籠って耐えられない」

捕虜の回想記で移送の過程を詳述したものは、意外に少ないが、もう一つ、バイカル湖北西方のタイシェット近辺に移送された今川順夫（よりお）の回想記から要約する。

海倫（ハイルン）を一〇月一〇日に出て、貨物列車でクヴィトークに着いたのは一一月三日だった。当初は、護送兵士の言葉「ダモイ、トウキョー（東京に帰る）」に何度も期待を抱かされたが、列車が北上の後に西走したために淡い期待も消え去った。貨車は三二人すし詰めで、不潔と排便のため異臭がしだいに堪え難くなっていった。食事は高粱、粟、燕麦（えんばく）のカーシャ（薄い粥（かゆ））ばかり、それも出ない日があった。寒さは厳しくなるばかりで、クヴィトークに着いた日は零下二〇度くらいだった。待っているのは、国家的プロジェクトであるバム鉄道西部線敷設の重労働だった。

労働不能者たちの逆送

八月二三日の国家防衛委員会決定によれば「極東部、シベリアの環境下での労働に肉体面で適した」はずの日本軍捕虜は、野戦収容所と移送の過程で著しく体力を落とし、健康を害してソ連領内の（一部はモンゴルの）捕虜収容所に入った。同時に、各地で「使い物にならない」捕虜の送り返し＝「逆送」が移送の過程と並行して進んだ。

ある資料によれば、捕虜の逆送は早くも九月下旬から始まり、一九四六年四月末までに、

コラム④

満洲難民・敗残兵の逃避行

満洲の居留民，とくに開拓民が，関東軍の国境地帯防衛放棄の方針のため置き去り同然にされ，ソ連軍に蹂躙された悲劇はよく知られている．

まだ引揚が続く1949年に刊行された藤原ていの体験記『流れる星は生きている』は，ベストセラーになった．新京から3人の乳幼児を連れ，北朝鮮の宣川，平壌を経て38度線を越え，帰国した回想記である．

敗残兵の小説形式の回想記としては，五味川純平の『人間の條件』（1956―58年）に勝るものはない．「無敵関東軍」が敗れたときの惨状，天皇制軍隊の階級制度と一般社会，植民地に対する優越と差別を，主人公「梶」上等兵の部隊と周辺の出来事をとおして見事に描いている．そのインテリ文学青年の「梶」も，敗残兵仲間や中国人を殺してしまう．他方，ソ連軍の略奪，暴行を被害者たちから聴いて，ソ連に対する好感も消え去る．捕虜になって尋問されたときに「あなた方の理想が正しかったから，ドイツにも日本にも勝ったに違いない．けれども，勝利者にだって戦争の犯罪はあるのですよ」と語った．

主人公は収容所を脱走し，雪の中を彷徨して倒れ，恋人を瞼に浮かべながら息を引き取る．同名の映画でも有名なラスト・シーンである．

延吉や牡丹江など満洲各地の旧野戦収容所に送り返された。その数は一万五五五〇人にものぼったという。

彼らはただちに帰国できたわけではない。またソ連軍も同年四月には撤退して旧野戦収容所は放置されていた。満洲各地で寒さと飢えに耐えながら、中国人のなかで何とか日銭稼ぎの仕事を続け、そこで死んだ者も少なくない。

なお、敗戦時に満洲には日本人居留民が約一五〇万人いた。戦時の死亡者約一八万を除く居留民は、各都市の日本人会のもとで一九四五―四六年の冬を何とか寒さと飢えに耐え、帰国を求めて南下した（旅順・大連地区約二三万は抑留）。一九四六年の春から秋にかけて中国国民党支配下の葫蘆島から、アメリカが提供した船舶で帰国した者は一〇五万人を数えたが、北朝鮮経由で帰国した者も少なくない（第3章）。

コラム④で紹介した藤原ていの夫で、のちに作家となる新田次郎は宣川でソ連軍に捕えられ、延吉収容所に二ヵ月収容される。その後、気象観測技師として中国共産党に留用されたのち一九四六年一〇月、妻子より一ヵ月遅れて葫蘆島から帰国した。その体験をもとに書かれた小説が『望郷』である。

ソ連が、国民経済復興のための労働力として日本軍将兵を自国に拘束＝抑留したことは、ハーグ陸戦法規、ジュネーヴ条約、そしてポツダム宣言に対する違反である。

ハーグ陸戦法規では「平和克服の後は、なるべく速やかに捕虜をその本国に帰還させる」（第二〇条）、ジュネーヴ条約では「捕虜送還は講和締結後ごく短期間で実施されねばならない」（第七五条）と規定されている。この「平和克服」は「講和締結」と同義であり、その「講和締結」は第一次世界大戦のように、停戦後半年余りが想定されているものと解釈される。

しかし、第二次世界大戦後の講和は冷戦のために引き延ばされ、サンフランシスコ平和条約調印は一九五一年だった。むろん、それまでにソ連に抑留された日本人捕虜の大部分は送還された。しかし、ソ連が同条約に調印しなかったために、一部の捕虜は一九五六年の日ソ共同宣言調印によって、やっと送還された。それを正当化することは、ポツダム宣言に「武装解除後の家庭復帰」とある以上、無理である。「武装解除後の家庭復帰」に期限が記されていないからといって、数年間、最長一一年間の抑留が是認されるわけがない。

しかも、ソ連による日本軍捕虜の扱いが非人道的だったことは、その最初の段階から明らかである。貨車による家畜同然の移送、まともな給食も与えず、冬服も支給せず、栄養失調と虱と寒さによるチフスなどの伝染病の発生を放置したことは、その一つひとつがジュネーヴ条約の各条に違反している。

なお、ソ連は占領した満洲から工業設備、ダム・鉄道設備などを大量に搬出したが、これも広義の国際法違反と言うことができる。ソ連は、講和会議における賠償論議を待ちきれず、米英の黙認のもとドイツで敵資産を「戦利品」として接収したが、満洲でも当然のように実施した。

具体的には、八月三〇日の国家防衛委員会決定に基づき、ゴスプラン議長代理マキシム・サブーロフを長とする小委員会が指揮して「戦利品としての高価な設備一式」を満洲からソ連に、九月から一一月にかけて撤去、搬入した。しかも、極東部、シベリアのどの工業都市に搬入、設置するかも想定したものであった。

日本外務省の調査によれば、満洲で撤去された設備は八割にも及び、うち半分の四割をソ連に持ち去ったという。他方、中国の研究者によれば、鉄道車両及びレールは、ソ連が広軌、満洲が標準軌のため搬出というよりは解体に重点を置いたものだったという。

II 処遇と送還――「三重苦」と日本人同士の争い

粗末で寒いゼムリャンカとバラック

捕虜としてソ連に抑留された者は、冬期には経験したことのない酷寒（マロース）、マイナス三〇度以下の寒さに耐えなければならなかった。将兵たちは八月後半に投降したため、衣服は夏服のままであった。住居内の温度を一八度に保つべしとする内務人民委員指令は絵空事であり、住居の多くがゼムリャンカ（半地下式住居）やバラックにすぎず、ペチカをはじめ、まともな設備がなかった。それどころか、多くの捕虜はまずもって自分たちの収容所（分所）の建設に従事させられた。

捕虜が最も多く収容されたハバロフスク地方のなかでも、炭坑地帯ライチハの収容所には、一九四五年一〇月末までに九〇〇〇人が移送された。だが、三二のゼムリャンカのうち一一しか完成しておらず、それも床なしであり、一七〇〇人がバラックに、一〇〇〇人が夏用テントに収容されたという。ゼムリャンカは冬に寒いだけではなく、暖かくなると湿気がひどく、雨が降ると抑留者は風邪を引き、それがもとで死亡する者もいた。

一九四五年一一月一三日内務人民委員部は、冬に備え、日本人捕虜の肉体を維持し、死者を出さないために、各収容所長に指令を発した。住居を「清潔に、暖かく、快適に」すること、伝染病対策として浴室、洗濯室、消毒室を用意し、治療設備・医薬品を整備すること、給食の民族的特徴と量的基準を遵守すること、屋外作業には季節に応じた衣服及び履物で出させること、作業現場にも暖まり場を用意して凍傷を防ぐこと、である。

一一月二四日には、「日本人捕虜が極東部、シベリア、中央アジアの過酷な気候に不慣れなことを考慮して」収容所及び分所の修理、設備補充、暖房を来る冬期中に完了すること、冬期は住居の温度を一八度以上に保つこと、凍傷対策として、暖かい衣服及び履物を支給するとともに作業現場までの徒歩は三キロメートル以内とすること、酷寒の日に二級(中程度の労働向き)の捕虜は屋内作業とすること、などを指示した。こうした指令が必ずしも実施されなかったことは、回想記により明らかである。

ハバロフスク地方党委員会書記の党中央委員会宛の報告メモ(一九四六年一月三〇日付)によれば、衣服もまた不足していた。帽子(不足六%)、綿入れジャンパー(二四%)、厚手ズボン(三八%)、防寒靴(一六%)などは、満洲の戦利品で補充する他なかった。防寒靴の七八%を占める毛皮の短靴(バチンキ)は、暖かくないうえ二―三ヵ月で履き潰された。

五万人近くが最初の冬に死んだ

こうして、一九四五―四六年冬に酷寒と飢え、重労働で多数の死者が出た。全抑留期間の死亡者約六万のうち約八〇%がこの時期だったという。この時期に限定された死者データは存在せず、一九四七年二月二〇日時点までのソ連及びモンゴルの収容所での死者三万七二八人に、満洲野戦収容所での死者一万五九八六人を加えると全死者六万一八五五人の七五・

五％になる。

栄養不足＝慢性的飢餓状態と過酷な長時間労働、そして酷寒、不衛生（虱と南京虫）により、多くの捕虜が病気に罹った。誰もが栄養失調になったが、その他に赤痢、発疹チフス、回帰熱などの患者が大量に生じ、体力と抵抗力が落ちているため、また満足な治療が受けられないため、衰弱して死亡する者が多数にのぼった。凍傷や作業中の事故による外傷も少なくなかった。

コムソモリスク収容所には、一九四五年九月に約三〇〇〇人の栄養失調症に罹った捕虜が入所したが、酷寒到来とともにチフスなどの伝染病が発生した。このため、ある三〇〇〇人収容の分所は閉鎖され、そこに病院が建てられた。それればかりか、伝染病の一般住民への蔓延を恐れて、市党委員会書記は地方党委員会（クライ）に、内務人民委員部が日本人捕虜の栄養失調者三〇〇〇人を市外に即時退去させるよう、一二月中旬に要請している。

内務人民委員部ハバロフスク地方本部長の同地方党委員会書記宛一九四六年一月一日付報告メモによれば、同地方全体で収容所開設から一一月末までに一一一九人、一二月末までに一四四六人、合計二五六五人が収容所、特別病院（重症患者のための、収容所から独立した病院）で死亡した。コムソモリスク収容所の死亡者は一一六五人、同地方全体の四一・五％を占めた。収容所の医院、特別病院の入院患者は、一二月一日に七二四四人、一月一日には一万九人となった。

治療と衛生・予防の施策がとられたにもかかわらず、特別病院の設立や病院の配置の遅れと不足、収容所の医院や分所の隔離室の設備の悪さ、そして医療スタッフの不足が治療と衛生の効果を低めた。地方の収容所の医院（ラザレート）は、設備不足のため、ホール、コムソモリスク、ライチハでは大きく遅れて開業し、ハバロフスク市、ブラゴヴェシチェンスク、ニコラエフスク、オハではまったく営業されなかった。

病院や診療所はむろん、医師、看護婦などの医療スタッフや医薬品、治療設備及び器具が不足していたことは抑留回想記で知られていたが、ハバロフスク地方党委員会書記の先の報告メモでも対策が訴えられた。そこでは、医師不足のため日本人軍医を使わざるを得なかったと指摘している。

疾病率がきわめて高かった日本人捕虜

日本人捕虜全体の健康状態については、ドイツ人捕虜のそれと並んで（第1章）、軍医中将ゼチーロフによる一九四六年二月上旬の収容所及び特別病院調査に基づく報告書がある。それによると、調査対象四一万九四二四人のうち病人は二万四四二一人、すなわち疾病率は五・八％、死者は一六五七人、すなわち死亡率は〇・四％、病人に占める死者の割合は六・

2-3　シベリア・極東部から北朝鮮への捕虜移送数

地方・州など	予定	結果	出　典
アルタイ地方	2,000	*4,164	巻末資料集6)
クラスノヤルスク地方	2,000	3,924	巻末文献第2章14)
沿海地方	2,500	1,073	巻末公文書2)
ハバロフスク地方	2,400	9,816	巻末資料集5)
イルクーツク州	3,000	3,231	同上
ケメロヴォ州	600		
チタ州	4,000	4,350	巻末公文書2)，巻末資料集5)
ブリャート・モンゴル自治共和国	500	999	巻末資料集6)
計	17,000	27,557	巻末資料集7)では予定2万人，結果26,933人

註記：1）厚労省に渡された名簿は27,671人，うち22,403人が帰国，残る「5,268人が病死か」と『北海道新聞』（2006年8月27日）が報道．2）＊の数字はアルタイ地方とケメロヴォ州の合計

八％であった。

収容所における病気の種類を多い順に挙げると、栄養失調症三三・一％、結核六・〇％、急性胃腸炎五・八％、発疹チフス及び回帰熱五・七％などであった。重症患者を入れる特別病院では入院患者八六七七人のうち死者三一八人、死亡率は三・六六％と当然のことながら高かった。死因は栄養失調症五〇・〇％、発疹チフス及び回帰熱一八・八六％などであった。

この調査結果に驚いた内務省は、労働力の減少に対処するために、一九四六年四月二〇日にシベリア・極東部の捕虜五万人を中央アジアに移送する命令、五月四日にはソ連領内の病弱な捕虜二万人を北朝鮮内の健康な捕虜二万二〇〇〇人と交換する命令を発した。この「交換」は、一九四六年五月、咸興（北朝鮮の港町興南に近い都市）に日本人抑留者二万六〇〇〇人が集結させられたという『引揚援護の記録』の記述とおよ

そ一致する。

やや詳しく見ると、この五月四日命令に先立って二万人の地域別割当が示されたが、自治共和国・地方・州指導部は病人や廃疾者を抱え込んで「ただ飯を食わせる」ことを忌避したため、結果として予定を大きく上回る約二万七〇〇〇人が北朝鮮に移送される（2―3）。

移送対象者の選抜にあたっては、医師を含む委員会の厳格な審査がなされ、健康診断の目的や移送先などは極秘とされた。将校は対象者から外された。病人の圧倒的多数は栄養失調症患者であり、移送過程で死者が出ないように給食、医療衛生処置、貨車の定員や暖房に関する指示もなされた（移送の実態は第3章）。

劣悪な給食と食糧対策

ソ連の食糧事情は大戦による破壊、一九四六―四七年冬の欧州部を中心とする飢饉のために非常に悪く、配給制が大戦時から一九四七年末まで継続していた。捕虜に対する給食は、捕虜受け入れ態勢未整備のため、将兵が携行した食糧、戦利品として満洲から搬入した食糧に頼らざるを得なかった。

「日本軍捕虜に対する食糧給付基準」（一九四五年九月）によれば、一級（重労働向き）にランクされる捕虜は一日にパン三〇〇グラム、米三〇〇グラム、肉五〇グラム、魚一〇〇グラム、野菜六〇〇グラム、味噌三〇グラムなどと定められた（2―4）。一一月一二日の日本人捕虜の収容諸条件に関する指示のなかでは、給食のメニューに「民族食の調理」が義務づけられた。

2-4　日本軍捕虜の給食基準（1人1日グラム）

食品	下士兵卒	特別病院入院患者	将校	将軍
黒パン（96%挽き）	300	200	300	300
米	300	400	300	300
碾き割り／粉	100	100	100	100
味噌	30	30	50	50
肉	50	50	75	120
魚	100	100	80	50
動物性油脂		10	20	10
植物性油脂	10		5	5
バター				30
チーズ				20
砂糖	15	20	30	40
茶	3	3	3	3
塩	15	15	20	20
塩漬・生鮮野菜	600	500	600	600
乾燥果実			10	10
新鮮牛乳		200		
洗濯石鹼（月）	300	300	300	300
タバコ		葉10	巻15箱	巻20箱
マッチ（箱／月）		3	3	3

出典：*Voennoplennye v SSSR*……

しかし、米や味噌は将兵が携行した食糧と戦利品として満洲から搬入した食糧にしかなく、短期間で消費され、大多数の捕虜はその後、味噌はむろん米を口にすることはなかった。回想記にあるように、支給されたのは黒パン三〇〇グラムと肉・野菜のほとんどない塩スープ、または雑穀入りのカーシャ（ロシア式粥）のみであった。

たとえばハバロフスク市の収容所では、米、魚、野菜の代わりに粟、高粱、大豆が提供され、一日当りカロリーは標準三五〇〇を大きく下回る二五二〇カロリーだった。ハバロフスク地方党委員会書記は先の報告メモで、三五〇〇カロリーへの引き上げや食糧援助、とくに二ヵ月分の予備と病弱者への給食にかかわる援助を要請している。

また、一九四五―四六年冬の食糧不足を乗り切るために内務人民委員部ハバロフスク地方本部は、赤軍及び内務人民委員部部隊用の備蓄を回す非常手段をとったという。死者の数が増え、国際的非難を浴びることを恐れたからであり、中央も追認したようである。

職員による食糧の横領、売却（闇取引）

バム鉄道建設に当たるタイシェット収容所のクヴィトーク分所では食糧不足で、一九四五年末の一〇日間に五六人もの捕虜が主として栄養失調で死亡した。職員はかばい合い、任務を果たさず、放ったらかしで、日本人は「同胞を守るのに無関心なことを都合良く利用されてしまった」という。「無関心」とは、抑留回想記にもあるように、自分の生き残りに必死で他人のことを思う余裕も失っていたことを指している。

同じ頃、タイシェット収容所長代理（供給担当）が、魚二二六キロ、米五キロなどを横領、売却し、捕虜の肉体的衰弱と死亡が増大したことが、当人が処分されたことも含めて報告された。配給制に闇取引が伴うことはソ連に限らず知られているが、こうした収容所職員の不正が捕虜への給食をいっそう悪化させた。さらに、捕虜間の、収容所でも維持された階級制度に従った分配の不平等も加わった。

食糧不足への対処として、節約が励行され、職員による窃盗・横領が厳しく取り締まられるとともに、収容所による副業経営が奨励された。一九四五年八月八／九日の内務人民委員部命令は、食糧に限らず原・燃料も含めて「地元資源の活用」を指示したもので、収容所内に工房を設けて日用品を自家生産することも奨励している。一九四六年九月二四日の内務省指示は、食糧を中央からの供給に依存することなく、穀類は必要量の五〇％まで、馬鈴薯及び野菜は八〇％まで自前で調達することを求めていた。

2-5　カラガンダ収容所の給食

		地上労働者	炭坑労働者など
主食（黒パン）		350g 朝100g 昼150g 夜100g	600g（1斤） 朝150g 昼300g 夜150g
副食	カーシャ	300g？ ・大麦，裸麦，稗 ・粥状に炊く ・湯呑大茶碗１杯 ・濃度は薄い	同左
	スープ	・野菜は8―9月生鮮，あとは漬物 ・肉はモツ類，羊 ・水多く塩水同然	同左
その他		砂糖18g（大匙１杯） 茶（紅茶様のもの）	砂糖30g 茶（紅茶様のもの）

註記：食器，湯呑，杓は空き缶ないし空き缶製，スプーンは鉄製（手製）．賃金の一部を支給されてバター，ミルク等を購入（賃金支給は入ソ約２年後）
出典：関田編著

比較的気候が温暖なウズベキスタン

では、副業経営が食糧不足を補ったことが報告されている。タシケント収容所では、穀物栽培に一三〇ヘクタール、馬鈴薯及び野菜栽培に一〇五ヘクタールの土地が当てられ、牛・豚・鶏の飼育もなされた。馬鈴薯及び野菜は、収容所の需要を満たすほどの収穫が得られたという。

前ページに、給食の実態を示す回想記の記録を紹介した。カザフスタンのカラガンダ収容所に送られた関田松三は回想記に、自分の食事や日課、分所移転の経過を詳細に記している。そのうち「給食状況表」を参考に転載する（2―5）。

恣意的な労働等級づけ

捕虜の労働に関する規定は大戦中もあったが、日本軍捕虜を受け入れてから改正され、一九四五年九月二九日に「捕虜の労働使役規程」が定められたことは第1章で述べた。日本人捕虜はソ連領内の収容所に着くと、規程に定められた二一日間の検疫期間（労働等級も決まるが、基本的には休養期間）も与えられず、ただちに収容所の建設、整備に駆り出された。

回想記のほとんどが一致して書いているように、労働等級は、女医が捕虜の尻をつねって皮下脂肪のつき具合を見て決めるというものであった。収容所に着く前に多くの捕虜が体力

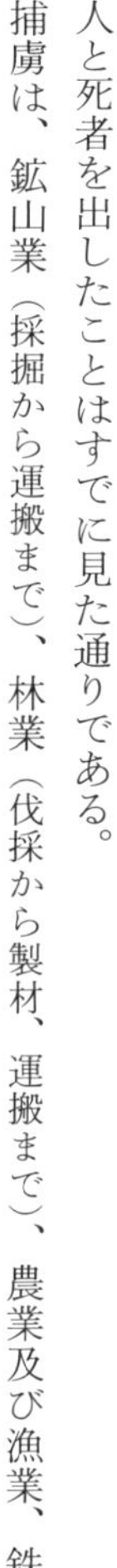

を落とし、病気になっていたうえに、収容所で、未経験の寒さと飢えと重労働により大量の病人と死者を出したことはすでに見た通りである。
　捕虜は、鉱山業（採掘から運搬まで）、林業（伐採から製材、運搬まで）、農業及び漁業、鉄道・道路建設、都市公共施設の建設、そして各種工場の労働に従事させられた。正確には、収容所が労働力を提供し、各省庁傘下の企業が原材料、機械・道具などを提供する契約に基づく労働、一部は収容所直営事業の労働である。
　捕虜は当初、長い行軍とすし詰め貨車輸送

上・伐採作業の様子，絵・佐藤清
下・レール敷設の様子

による疲労に加えて食糧難、一〇月に早くも到来する寒さのために、まともな労働力とは言えなかった。しかし、捕虜は恣意的な等級判断により三級に分けられ（重労働、中労働、軽労働、ただし四級の場合もあった）、療養組（オカ）と病人を除いて野外労働に駆り立てられた。

収容所当局が直面した問題は、給食と居住設備の問題のほか、捕虜が作業に十分に出ないことであった。イルクーツク州の捕虜の作業出勤率は、一九四五年一二月時点では二〇—三〇%にすぎなかった。死者はむろん、衰弱者、病人、体力のない者に、仮病や自傷による作業拒否者を加えれば、このような出勤率になる。

最初の過酷な一九四五—四六年冬が大量の死者を生み出して終わると、出勤率は少しずつ向上し始め、当局は捕虜に作業ノルマを達成するよう仕向けていく。ハバロフスク市ではノルマ達成率が四月六一・九%だったが、六月には九一・三%となった。イルクーツク州捕虜・抑留者業務管理局は一九四六年前半を総括し、一月時点での出勤率は六八%だったが、これを八〇%以上に、ノルマ達成率を一〇〇%にする目標を掲げた。

ノルマ達成率と労働生産性

だが、当時の文書ではノルマ達成率と労働生産性が混同して用いられている。当時の収容所におけるノルマ達成率は、一日の作業ノルマを達成すれば労働時間にかかわりなく一〇〇%としたようで、言い換えれば、恣意的に設定されたノルマの一〇〇%達成のために長時間労働が強いられたのである。労働生産性とは単位時間当りの生産高（製品、鉱物など）のことで、作業が定型化され、労働組織が整えられた一部の大工場を除けば、労働者が頻繁に入れ替わり、作業場に行くのに数時間を要する収容所に適用できるものではない。

　ロシア人研究者M・スピリドーノフによれば、クラスノヤルスク収容所第三分所の日課では、労働時間は七時半から一九時まで（昼食一四―一五時）、正味一〇時間半となっている。カラガンダの七つの分所に抑留された先述の関田松三の記録では、作業は八時から一六時まで（昼食三〇分）だが、分所から作業現場までの移動及び準備時間を含めると八時間半となる。

　一九四六年一〇月に、ノルマを一ヵ月平均で超過達成すると賃金が四〇〇ルーブル以上になるプレミア制度（従来は二〇〇ルーブル上限）、一一月にノルマ達成率に応じて給食に差別を導入する制度が連邦レベルで、すべての国の捕虜を対象に導入された（後者の日本人対象は2―6）。労働生産性は先進工業部門のような機械導入＝合理化によら

2-6　ノルマ達成率に応じた給食基準（単位グラム）

	パン	米, 碾き割り	馬鈴薯, 野菜
80%未満	250	350	600
80-100%, 所内作業, オカ	300	450	700
101-125%	350	500	800
125%以上	450	550	1000

註記：オカとは療養組のこと
出典：*Voennoplennye v SSSR*……

ず、いわば原始的な競争方法で少しずつ向上していった。

収容所・企業間の契約によって行われる労働も、収容所直営事業の労働も、機械化が遅れ、手労働の技能に依存することが多かった。それだけに旋盤工から大工に至るまで多様な技能を持つ捕虜は役に立ち、日本人は器用で、勤勉なため総じて収容所当局から歓迎された。とくに労働力が不足していた極東部、モンゴル、中央アジアでは日本人捕虜の仕事ぶりと出来具合には敬意が払われたほどである。

しこりを残した未払い賃金問題

「捕虜の労働使役規程」における賃金は、重労働の者は月額二〇〇ルーブルを上限としたが、作業ノルマを超過達成すれば、二〇〇ルーブルを超える分の八五%を支給されることになっていた。しかし、捕虜労働に就いたばかりの慣れない日本人が作業ノルマを達成できないのは当然で、少なくとも一九四六年前半までは賃金を受け取ったという回想記を見かけない。

そもそも給養費が月額二〇〇ルーブルであり、ノルマの超過達成者以外は手取りゼロだった。しかも、給養費は一九四六年一〇月に四〇〇ルーブルに、四八年一〇月に四五六ルーブルに引き上げられたから、作業ノルマを超過達成しても手取りは多くなかったはずである。こうした事情は、ドイツ人捕虜と同じである。しかも、その多くはない手取りのうち収容所当局に預けた「貸方残高」（貸借対照表の表現）が送還＝帰国の際に、条約に反して本人に返還されなかった。

日本政府はこのことに気づいていた。それは、一九四七年三月一八日付の終戦連絡会議事務局（外務省の外局）による連合国最高司令官総司令部（ＧＨＱ）宛文書が示している。そこでは引揚時に、抑留中に貯めた金銭あるいは私物を没収することのないよう、没収の場合は受領証を発行するようソ連当局に申し入れ、引揚者が右受領証を持ち帰った場合は「日本政府がソ連政府に代わって支払う」としたものである（実際には、受領証は発行されず、支払いはなかった）。

他方、南太平洋地域のイギリス軍などに抑留された日本人捕虜には、帰還時に交付された所持金及び「貸方残高」を記入した受領証に対し、連合国の指示に基づき、日本政府が一定限度内で円での支払いを行った。

こうした「捕虜所属国」による賃金支払いなどの「肩代わり」が、一九四九年ジュネーヴ条約改正第六六条に結実した。「捕虜が属する国は、捕虜たる身分が終了した時に、抑留国から捕虜に支払うべき貸方残高を当該捕虜に対して決済する責任を負う」、いわゆる「所属国補償方式」である。

それは遡及的に適用され、西ドイツではソ連帰還者に対する「元ドイツ人戦争捕虜補償法」となって、一九五四年に実現した。一人当り一万二〇〇〇マルク（約八〇万円）を上限として、抑留期間に応じた額が給付された（現在の貨幣価値では二・五倍相当か）。

やや後の話になるが、一九五六年一〇月の日ソ共同宣言により両国が相互に請求権を放棄したため、ソ連政府に対する捕虜労働賃金支払い要求（抑留国補償方式）は不可能になった。一九七九年に結成された全国抑留者補償協議会（全抑協）は、西ドイツの「所属国補償方式」に倣い、日本政府が戦争とその結果としての抑留に対する責任をとって抑留者に補償すべきだという運動を開始する（会員一八万人）。

当時、職業軍人は、一九五三年に復活した軍人恩給を支給されて生活が安定していた。赤紙の応召兵士は、抑留期間の二倍換算（軍に勤務した年数を抑留期間は二倍にする）を含めても、恩給支給要件の一二年に達しなかった（一九四四年八月に召集され、四年間抑留された者は一年＋四年×二＝九年にしかならない）。圧倒的多数の元応召兵士が、日本政府に対する補償請求にそれだけ熱心だったのは当然である。

なお、日本政府に対する補償請求に反対する人々は、一九八〇年に別団体の全国強制抑留者協会（同じく全抑協）を結成した。この団体も「恩給欠格者」に対する特別措置を要求することになる。

コラム⑤

著名な抑留者と回想記

抑留体験者には，政界では首相になった宇野宗佑，経済企画庁長官を務めた相沢英之（女優司葉子の夫），財界では伊藤忠商事会長になった瀬島龍三，俳優には坂東春之助，音楽家には黒柳守綱（徹子の父），吉田正，バレエ舞踊家には薄井憲二，歌手には青木光一，三波春夫（北詰文司），彫刻家には佐藤忠良，プロ野球選手には水原茂，学者には尾上正男，加藤九祚らがいる．

瀬島は，山崎豊子の小説『不毛地帯』（1976—78年）の主人公のモデルだったことで知られている．『幾山河　瀬島龍三回想録』（1995年）は，ソ連側への「労務提供」密約説に反駁しているが，謎の多い回想記である．大本営参謀の時期に出先機関からの「ソ連参戦」情報を握りつぶした件はむろん，東京裁判に松村知勝，草場辰巳とともに証人として出廷したが，その証人選びについても沈黙を通した．

回想記のなかで秀逸なのは，高杉一郎『極光のかげに　シベリア俘虜記』（1950年）と内村剛介『生き急ぐ—スターリン獄の日本人』（1967年）である．前者は，スターリンの収容所と天皇制軍隊との相似性を喝破し，後者は，矯正労働収容所の観察を通してロシア社会を活写したもの．二人とも，ロシア人好きであることがわかる．

四段階の捕虜に対する政治教育

日本人捕虜収容所における政治教育は、以下の手順で進められた。①『日本新聞』が配布され（一九四五年九月一五日創刊）、②その読書会が「日本新聞友の会」として組織された（四六年五月二五日号が呼びかけ）。③そこからアクチヴが育成され、講習を受けて民主グループを各分所に設立し（四七年春）、④これを基盤に収容所ごとに反ファシスト委員会が選挙された（四八年二―三月）。

内務人民委員部捕虜・抑留者業務管理総局政治部の日本人捕虜に対する教育のポイントは、以下の点にあった。

①ファシズム・イデオロギーとの闘争、「ファシズムとの闘いなくして民主主義なし」スローガンの実現、②戦後世界における民主勢力と反動勢力の力関係、ソ連を先頭とする前者有利の情勢の説明、③ソ連の平和政策と米国の戦争政策との対比、④恒久平和がソ連外交の目的であり、連合国の目的にも、ファシズムの軛（くびき）を捨てて民主的発展の道を歩む諸民族の利益にも適（かな）うことの説明、⑤日本の政治・経済情勢の説明、祖国再生はファシズム一掃、徹底した民主化によってのみ可能なことの説明、⑥労働者・農民の社会主義国家としてのソ連の力の説明、⑦ソ連に対する侵略戦争と膨大な物質的損害を与えたことに対する責任の自覚、以上である。最後の点は、ソ連の立場からすると日露戦争やシベリア出兵を含んだものであ

る。

一九四八年三月時点でクルグロフ内相がスターリンら指導部に宛てた、前年の政治部活動に関する報告によれば、日本人捕虜の間では一九四七年後半から反動的な将校団の影響力が著しく低下し、日本情勢についてもソ連評価についても兵士の民主的な観点及び気分が成長したという。以前は政治問題に消極的だった捕虜たちが収容所内の報告や講演を聴きに出かけ、『日本新聞』を読み始めた。一九四七年第2四半期以降はソ連に関する日本語の文献が大きな関心をもって読まれるようになり、『全同盟共産党（ボリシェヴィキ）史　小教程』邦語版は二万部も配布されて読まれたとしている。

なお、将校、とくに佐官以上の将校は「民主運動」にほとんど影響を受けなかったと言われるが、将校のみを集めたタタール自治共和国エラブガ収容所で、一九四六年七月という早い時期に、ソ連政府とスターリンに対する感謝状が署名を付して作成されている。元関東軍建設団長の花井京之助をはじめとする大佐二〇名を筆頭に、二五七二名の将校が署名している。

感謝状はソ連国家の秩序、軍隊の強さ、日本将校に対する厚遇を軍人の観点から指摘し、旧来の偏見を反省したもので、もとより共産主義に同調するものではない。自分たちを捕虜だとも認識していないが、それでもスターリン「大元帥閣下」と呼んで感謝するところに、彼らの変化が現れている。

階級章撤廃から反軍闘争へ

ここでは『日本新聞』発行地であり、「民主運動」が中心的に展開されたハバロフスク地方・市を重点に見てみたい。

一九四五年九月ハバロフスクで、イワン・コワレンコ内務少佐の指導のもと『日本新聞』が発行された。欄外には「新聞は日本人捕虜のためにソ連で発行される」とロシア語で記され、初期は「編集長I・I・コワレンコ」の名もあった。編集陣には宗像創（むなかたはじめ）（肇）、小針延次郎、浅原正基、相川春喜、高山秀夫ら捕虜の共産主義者ないしシンパサイザーが入り、植字工や印刷工も捕虜のなかから集められた。

第一号には、スターリンの対日戦勝利を記念する九月二日の国民へのアピールが掲載された。しかし、『日本新聞』は当初、反発した将校らの配布妨害もあってあまり読まれず、多くの回想記が伝えるように、マホルカ（巻きタバコ）の巻き紙や大便用チリ紙になっていた。

転機は一九四五―四六年冬、大量の病者と死者を生んだ時期である。兵士が飢えと衰弱のなかで重労働に喘（あえ）いでいたとき、将校が労働を免除され、給食もまた質量とも兵士以上だった。さらに、兵士を旧軍隊さながらに乱暴に扱っていたこともあり、不満が爆発したのである。

一九四五年一一月コムソモリスク収容所第一分所で高山昇（東京農大助教授）が、上官に旧軍式の「申告」ができず、「軍閥」を批判したという理由で将校たちに殴り殺される事件が起こり、それが噂として広がっていたことも大きい。

『日本新聞』一九四六年四月四日に、ホール地区「木村大隊将兵一同」の檄文が掲載された。スローガンは「旧関東軍兵士は即時反軍国的民主グループを結成せよ」「明朗なる収容所建設の為に民主的軍紀を確立せよ」「我々の隊伍に於ける軍国主義的分子との断固たる闘争を開始せよ」「祖国日本に於ける民主統一戦線運動を強力に支持せよ」であった。反軍闘争は、帝国軍隊秩序を前提にして（ソ連側は労働効率のために利用）、将兵の平等など民主化を求めるところから誕生した。多くの収容所では、まず階級章撤廃の行動が発端となった。

まもなく『日本新聞』五月二五日に「日本新聞友の会」結成の呼びかけが掲載された。反軍闘争、民主運動を進める母

『日本新聞』を読む捕虜たち

体を輪読会という形で、分所ごとに組織したのである。『日本新聞』は徐々に読まれるようになり、分所では壁新聞も作成、掲示された。

それは、捕虜が日本語に、また、政治的に歪められていたとはいえ祖国の情報に「飢えていた」からである。多くの初等教育の機会にさえ恵まれなかった農村出身兵士にとっては、初めての識字教育の場であり、学びの機会でもあった。

やがて反軍闘争は「戦犯追及」へと発展する。八月にライチハ地区日本新聞友の会は、東条英機以下戦犯の厳しい処断を要求し（当時、極東国際軍事裁判が進行中）、周辺に隠れている戦犯の摘発を呼びかけた。当時ソ連収容所当局、具体的には捕虜・抑留者業務管理総局特務部が日本人捕虜内部の戦犯摘発を進めており、これはソ連側の意を体した動きである。

「反ファシスト民主委員会」設立——民主運動の本格的組織化へ

この戦犯追及運動のなかで「民主グループ」が分所の運動の担い手となり、一九四七年三月一七日にはそれらを招集して「ハバロフスク地方代表者会議」が開催された。

会議では浅原正基が「民主運動の一般的任務」を報告し、「帰国問題の本格化に伴う民主運動の課題」以下一〇の議題が二〇日間にわたって議論された。「帰国問題の本格化」とは、前年一二月の米ソ協定に基づき毎月五万人のペースで送還が開始されることになったことを指し、「祖国民主化に貢献するような」民主運動の強化が論じられたと思われる。

議題から見ると、民主運動が演劇、芸術文化活動、「突撃隊活動」（生産性向上運動）へと広がりを持つようになったこと、ソ連と社会主義に関するイデオロギー教育の準備、「反動的幹部追放並に戦犯追及カンパ〔カンパニア＝キャンペーン〕」といった政治運動に傾斜してきたことが目立っている。

会議の最終日には「ソ同盟に対する感謝文」が採択された。「ソ同盟から学び得たるもの洵に甚大なり」「ソ同盟政府は率先、我等旧日本軍捕虜に帰国を許可せられたり」というのだが、連合国のなかで抑留が最も長引いたことは知らされていなかった。また、「日本新聞社への感謝文」には「今や祖国の存立は腐敗せる天皇政府の売国的行為により正に危殆に瀕す」とあるが、あたかも天皇に政治的実権があるかのように見ている。

この代表者会議を契機に、アクチヴの政治教育のための講習会がハバロフスク、コムソモリスク、地方外でもチタなどで開かれるようになった。労働を免除されて一―三ヵ月間、国際情勢、ソ連事情、マルクス・レーニン主義などを学習する場で、参加者は確信的なアクチヴとして分所に帰り、民主運動の指導者となった。

こうして民主運動はその最終段階、「反ファシスト民主委員会」設立へと至る。一九四八年二―三月、各収容所で選挙が行われ、「反ファシスト民主委員会」が選出された。五月にはハバロフスク地方反ファシスト委員会代表者会議が開催され、反ファシスト委員会地方ビューローなる指導部が設けられた。メンバーは『日本新聞』編集部の浅原、相川、高山に加えて小澤常次郎、土井祐信であった。彼らは、やがてソ連側に睨まれ、長期に抑留された浅原を除く全員が帰国後、日本共産党系の帰還者団体の指導者になる。

各収容所の委員会は、当局の監督下で生産や生活に関する一定の権限を認められ、生産性向上運動を指導し、まもなくスタハーノフ運動に倣った生産性向上の「平塚運動」を生み出した。

「スターリン大元帥への感謝状」

反ファシスト委員会は送還＝帰国の順位を当局側に申告する権限を持ち、「反動分子を帰国させない」キャンペーンを展開した。それは「ソ同盟の真実を伝えよう」運動と一体であり、反動分子＝反ソ・デマゴーグに対する批判会、さらには「吊し上げ」という形をとった。「反動は白樺のこやしにしろ」なる過激な言葉は、このときに生まれた。

こうして民主運動は、当初の素朴な反軍闘争からイデオロギー過剰の政治運動へと変質した。その極致が一九四九年五月、六万六四三四人が署名した「スターリン大元帥に対する感謝状」である。

捕虜が自分たちを長期にわたって抑留し、過酷な労働を強いた最高責任者に感謝するという転倒は、天皇制軍隊とスターリン捕虜収容所が実は、兵士の精神構造においては瓜二つの存在だったことを思わせる。それだけ天皇制軍隊と戦前の国家が兵士＝大衆を、画一的に思考し、命令一つで行動するように教育したということで、ナチズム研究の学術用語を使えば「強制的に同質化」していたのである。

民主運動は送還港ナホトカで最も先鋭になり、反動分子に対する「人民裁判」が行われ、アクチヴは日本帰国を「天皇島上陸」と呼んで急進化した。アクチヴは、帰還港の舞鶴では先頭に立ってデモや集会を行い、出迎えの家族を驚かせ、新聞報道を通じて「シベリア帰り＝アカ」の印象を広める結果になった。

多くの抑留者が民主運動に同調したのは、実は給食が少しでもよくなり、帰国がいくぶんでも早まることを期待してのことだった。そのため帰郷後しばらくすると、熱が冷めていく。日本の現実が『日本新聞』の言うように「飢餓状態」でもなければ、戦前と同じ「天皇・反動勢力の支配」でもないことがわかったからである。

国際世論による米ソ捕虜送還協定の締結

ソ連がジュネーヴ条約に反して、捕虜・抑留者に関する情報をほとんど発表しなかったことはすでに述べた。これに対して、対日理事会（米ソ英中の四ヵ国で構成、対日政策を決定）で米国代表ウィリアム・シーボルトは、ポツダム宣言に基づく早期送還と情報の日本政府と留守家族への伝達を要求した。ソ連代表クズィマ・デレヴャンコは、捕虜問題は対日理事会の議題にはならないと拒否し続けた。

しかし一九四六年半ばになると、米国が、管轄下日本人捕虜送還が九三％に達したこと（英国六八％、中国九四％）を挙げて早期送還を要求し、六月に日本共産党の野坂参三議長が「ソ連政府の公式声明発表」を要望したこともあって、ソ連政府は再検討を余儀なくされる。対日理事会ソ連代表政治顧問のN・ゲネラーロフは、七月のモロトフ外相に宛てた報告で、こうした米国と日本共産党の動きを指摘し、「ポツダム宣言第九項は、捕虜送還を遅らせる公式の根拠を示してはいない」と述べている。少なくとも南サハリンと千島に「日本人を留めておく必要性はない」とも述べている。また、捕虜と留守家族の通信を認めるべきことも書かれていた。

これが発端となって一九四六年一〇月四日にソ連閣僚会議は日本人捕虜送還を決定し、一二月一九日に米ソ間で送還協定が結ばれた。しかし、協定の毎月五万人という数字が守られたのは一九四七年五月までで、送還者数はしだいに減少し、しかも一二月には冬期の輸送をナホトカ港の凍結を理由に中止した（実際には滅多に凍結しない。2―7の四七年一―三月分は大連港から）。

一九四七年一〇月の第四四回対日理事会では、抑留者数と送還の遅れをめぐって米ソが激論を交わした。送還の遅れを、ソ連は港が凍結し、日本政府の差し向ける輸送船が少ないからだと主張し、米国はソ連側のサボタージュやナホトカでの「反動分子」逆送を理由としたのである。

2-7　ソ連地域からの引揚者と船腹数（月別）

年　月	引揚者数	要求船腹/供給船腹
46.12	28,421	25,500/33,200
47. 1	83,438	86,000/86,700
2	63,693	60,000/67,100
3	90,606	90,700/104,700
4	58,083	50,000/62,700
5	51,920	50,400/54,400
6	49,125	52,200/53,400
7	46,564	52,300/59,000
8	30,418	30,000/35,900
9	36,181	35,000/41,400
10	35,181	37,000/41,800
11	47,667	42,222/50,200
12	3,676	3,800/4,000
48.1-4	0	0/0
5	46,345	48,500/62,100
6	44,999	46,000/56,800
7	46,034	46,300/56,800
8	40,030	40,500/49,300
9	37,214	37,500/45,800
10	37,420	37,500/47,800
11	37,929	37,350/44,700
12-49.1	0	0/0
2	14	—
3-5	0	—
6	10,245	—
7	20,467	—
8	18,000	—
9	20,261	—
10	13,840	—
11	12,160	—
計	1,009,931	

出典：『引揚援護の記録』，東京，1950年

しかし、旧ソ連の公文書をよく読むと、送還の遅れの理由が別にあったことがわかる。それは、戦後復興のための労働力需要を充足し続けたいという国内諸産業及び諸地方の圧力であった。一九四七年三月五日付F・ゴーリコフ閣僚会議付属捕虜・抑留者送還業務全権代表のモロトフ外相宛文書によれば、クルグロフ内相は国民経済的観点からナホトカ経由の送還を毎月二万人、一九四七年全体で一六万人（冬期四ヵ月は送還せず）にすべきだと述べていた。

また、ナホトカに捕虜が滞留しているのに日本政府が必要数の船舶を派遣せず、積載能力を下回る二〇〇〇人程度しか輸送しないといったソ連及び「民主運動」アクチヴの批判は虚偽であった。実際は、各地の収容所からの捕虜輸送が鉄道の不備などにより、ナホトカで集結の過剰と不足の繰り返しを招いていたのである。

ソ連は冷戦が進むなか、このような国内事情には口をつぐんで、送還の遅れの責任をGHQと日本政府に帰したのだが、そのソ連でも外務省は国際世論を考慮せざるを得ない立場であった。たとえば抑留中死亡者数につき、内務省は四万八九三一人（一九四七年六月一日時点）と把握していたにもかかわらず、「日本政府に伝えることは不適当」と判断していた。

しかし、マリク外務次官は一九四七年八月、日本との平和条約締結後には日本人捕虜及び抑留者の埋葬地の問題が提起されるので、しかるべき準備をするよう内務省に要望している。

さらに一二月、送還業務の責任者たるゴーリコフはモロトフ外相に、正式の日本人死亡者名簿をA・キスレンコ対日理事会ソ連代表経由で「日本政府に手交することは可能である」と伝えた。

ゴーリコフはさらに、一九四八年一月時点でソ連領には捕虜が二六万五〇〇〇人、南サハリンに民間人が一一万二四八〇人いるという情報を持ち、すべての送還を四八年中に完了させたい意向であった。四月にマリク次官は、一九四八年における捕虜の日本送還に関する閣僚会議案に、南サハリンの民間人をすべて送還することを盛り込み、日本との平和条約交渉前に完了しておきたいとモロトフ外相に説明している。

つまり、ソ連としては戦後復興の進展、国際世論とくに対日平和条約準備の動向を見ながら、いわば小出しに捕虜を送還したと言える。平和条約は今日に至るも調印されていないが、少なくとも朝鮮戦争以前、ソ連外務省は調印を重視していたのである。

この点につきロシア人研究者エレーナ・カタソーノワは、以下のように説明している。ソ連指導部は自国民と外国人捕虜の強制的無償労働に慣れ、省庁指導者や企業長も労働生産性向上よりは労働者数増大で問題を解決しようと、外国人の強制労働利用を主張し続けた、そのために一九四九年後半には外国人捕虜の七〇％を送還する計画が、年末まで繰り延べされたのだと。この指摘はまともである。

なお、年月は前後するが、一九四八年一二月末に朝鮮人二三〇〇人余りがナホトカからノヴォシビルスク号で興南に到着した。大韓民国、朝鮮民主主義人民共和国分立の直後の九月二〇日のソ連閣僚会議決定、二五日内相命令に基づくもので、戦犯を除く朝鮮人全員が収容所から解放、送還されたのである。

日本軍軍人・軍属だった朝鮮人のうち七七八五人は満洲で釈放されたが、朝鮮名を名乗らなかった者は日本人扱いされていた。しかし、親族の送還請願もあって、南北建国に合わせて朝鮮人を日本人から分離して送還する判断が下された。彼らは興南到着後、出身地に応じて共和国、韓国、満洲（延辺自治州）を選択したようで、その数は各八〇〇、五〇〇、一〇〇〇だったと当事者の李在燮（リ・ジェソップ）（のち韓国の帰還者団体を組織）が証言している。また、ハバロフスク収容所で共産主義教育を受けただけではなく、韓国に入ってから仁川収容所で「徹底的な思想調査を受けた」とも証言している。

「餓鬼道に堕ちた」生活

抑留生活は当事者によって端的に、飢えと寒さと重労働の「三重苦」として語られた。この点では「反動派」と「民主派」で大きな差異はない。それは「民主派」といえども否定はできず、初期の一九四五―四六年については、ソ連人民も大戦の被害や飢饉で苦しい生活を

コラム⑥

日本軍朝鮮人捕虜の帰還

日本軍朝鮮人捕虜は，1948年9月25日のソ連内相による送還命令まで，どう扱われていたのか．韓国シベリア朔風会の李在燮によると，こうだった．

彼の所属部隊はクラスノヤルスク収容所第1分所に移送されたのだが，階級制度が維持されたため，鉄拳制裁を加えられ，何かと差別待遇された．1946年6月，収容所側の配慮で朝鮮人は別のバラックに移されてホッとしたという．1947年4月に帰還命令が出たと思ったら，朝鮮人だけ保留された．第4，第5分所に移ったあと，翌48年秋にやっと帰還命令が出て，ハバロフスクに移送された．まもなく内相命令が収容所長から伝えられたという．

公文書によれば，親族からソ連政府に送還要請が出されると，事態は動いた．ハバロフスク地方では各収容所長に，朝鮮人捕虜に面接調査し，本名を明らかにさせる指示が1948年2月に出された．その結果9月上旬に，同地方に1387人いること，出身地は北朝鮮902，南朝鮮356，満洲110，日本9であることが判明した．

こうして12月21日2162人がノヴォシビルスク号に乗船した．その乗船名簿（日本名，朝鮮名，階級，生年／ロシア語表記）を入手したので，翻訳中である．

送っていた（日本の捕虜を食べさせる余裕がなかった）し、日本軍捕虜の間では階級制度が温存されたために「三重苦」が増幅されたと説明していた。

アムール州のシワキに抑留された猪熊得郎は常日頃、抑留は「三重苦」だけではない、飢えのために誰もが「餓鬼道に堕ちた」ことが無念だったし、思い出すのも辛いと語っている。隣の戦友が下痢をすると「ああ良かった、こいつの飯が食える」と思ったこと、病室の戦友が危篤になったと知ると、班長が先頭に立って「形見分け」をしたこと、病人が死ぬと翌朝までには裸になっていたが、それは仲間が衣服を剝いで後でパンに替えるためだったこと、である。「ただ、自分だけ、どうやって生き延びるのかの毎日」だったと、自責の念を込めて語る。

沿海地方のおそらくスーチャンに抑留された上尾龍介は、食事の様子を、あたかも吉田勇の有名な絵画を説明するかのように描いている。パンやカーシャが寸分の狂いもなく平等に分けられるか、ギラギラした眼で、殺気さえ漂わせて凝視する場面である。そして、死者に供えられた高粱飯を盗んだということで上官にひどく殴られた兵士の話を紹介して、こう述べている。

「あの頃の餓死と隣り合わせに生きた捕虜たちにとっては、朝晩のわずかな飯を口に入れるということは、人間らしい日々の楽しみなどというようなものではもちろんなかった。それはかけがえのない唯一の快楽であった、と言えばより実情を表すことになるだろう。だからシベリアの捕虜たちが食べ物を前にして、誰もが皆、餓鬼のようになったのは当然のことであった」

パン配分の様子，絵・吉田勇

飢餓の末のおぞましいカニバリズム（人肉食）は太平洋戦線では知られていたが、シベリアでもあったことを加藤九祚（きゅうぞう）が回想記に書いている。バム鉄道沿線のコロンナ（建設の進捗（しんちょく）に伴って移動する収容所作業所）で三人の捕虜が脱走したが、うち二人は捜索で捕えられた。彼らは現場で射殺されたが、残る一人を食糧として連れて行ったことが判明したのである。

一九四六年から四七年にかけてソ連経済が復興に向かい、捕虜も収容所生活に慣れてくると、関心は食べ物だけから気晴らし、娯楽へと変化していった。気晴らしで最も流行したのが「狐狗狸（コックリ）」さんだった。その漢字が示すように、霊を呼び出してお告げを聴く一種の占いで、「いつダモイ（帰国）か」が知りたかったのである。娯楽は将棋、碁、麻雀（すべて手作り）から歌謡と合唱、演劇、俳句や短歌、そして絵画と広いジャンルに及び、しだいに抑留生活の不可欠の要素となった。

やがて、歌謡や演劇が「民主運動」に取り込まれ、「戦友」などの軍歌、「炭鉱節」などの民謡や浪曲が、「カチューシャ」などのロシア・ソヴィエト歌謡や「赤旗」などの革命歌に、また「国定忠治」などの時代もの、「金色夜叉」などの人情ものの芝居が、「母」などのゴリキーの演劇にとって代わられたのは事実である。しかし、そうであっても、これらの文芸が捕虜の自己表現の形、生き甲斐だったことは否定できない。

「異国の丘」から、短歌、川柳まで

捕虜たちの愛唱歌となった「異国の丘」の作曲者吉田正（ただし）は、沿海地方に抑留されている期間に、二〇―三〇曲の歌を作った。「捕虜仲間やロシア人労働者に、ちびた鉛筆をもらったりして、樹木のそいだ皮やセメント袋の切れ端などに歌詞を書き、五線を引いてメロディーを作った」。それらを記録した、ロシア人にもらった小さな手帳はナホトカで焼却せざるを得なかった。しかし「希望のない重い労働の日々の中で、こうして作り続けていった歌は、私にとっては一種の生活日誌のようなものだった。歌を作ることが、私の生きているあかしだったと言ってもいい」。

今日も暮れゆく　異国の丘に
友よつらかろ　切なかろ
我慢だ待ってろ　嵐がすぎりゃ
帰る日も来る　春が来る

「異国の丘」の作詞者増田幸治も沿海地方に抑留されていたが、軍歌も歌われなくなったあるとき「収容所の自分たち自身の歌を作ろう。帰る日まで、みんなうたいながら頑張らねば」と思い立った。こうして生まれた歌詞に、吉田正の「大興安嶺突破演習の歌」の曲を組み合わせて「異国の丘」が誕生した。「出来上がった歌を所内演芸会で初めて合唱したとき、私たちは胸がつまって、うたいながら泣いた」。

ウズベキスタンのアングレンに抑留されていた池田幸一は、同人雑誌を作るなど多才な人で、芝居の脚本も書いた。「当時芝居は他に楽しみのない抑留生活の中で、無上のものになっていた。月に一度、食堂に設けられた仮設舞台で開演されるのだが、これは娯楽というより、全員の祈りのようなもので、その日は演ずる者も泣いた。軍隊にはもともと演芸大会があり、〔中略〕素人演芸が人気を呼んだものだが、この異境へ来てからは更に心を満たすものが求められ、次第に充実して本格的な演劇や音楽をやるようになっていた」。
アムール州ノヴォ・アレクサンドロフカに抑留されていた成冨満（なりとみみつる）は、短歌を奇跡的に持ち帰った。抑留中に詠んだだけにリアルであり、心情が痛いほど伝わってくる（括弧内は筆者の簡単な解説）。

ゆうゆうと蜻蛉（かげろう）は柵（さく）を越え行けり　妬（ねた）ましきかな翅（はね）ある自由
（捕虜の身には、飛ぶ蜻蛉の自由も妬まれる）

懊悩（おうのう）を彷彿（ほうふつ）させる様々な　寝返りの音に歯ぎしり混じる
（捕虜は眠っていても、辛い夢を見て苦悩する）

ペチカの火赤く燃ゆるを見つつ寝る　明日あることをなお恃（たの）みつつ
（眠りにつくとき、それでも明日に望みをつなぐ）

凍傷に傷（いた）みし指先いちはやく　春を感じて今朝疼（うず）くなり
（春の予感は、指先の凍傷の疼きからだった）

悶絶（もんぜつ）の間際（まぎわ）を思はす額の皺（しわ）　その翳（かげ）にさえ虱群れいる
（瀕死の捕虜の額の皺の陰でも、虱は生き血を吸う）

頼り合いつつ誰もが猜疑（さいぎ）の目を走らせ　パンの大きさ瞬時に量（はか）る

コラム⑦

絵画と俳句

収容所の文化活動のうち最も困難だったのは，絵画であろう．キャンバスや絵筆・絵の具がなく，スケッチを描こうにも紙も鉛筆もなかったからである．ただし，絵が上手なことが知られて，収容所当局または「民主グループ」の要請で，スターリンの肖像画やプロパガンダ用絵画を描いてくれという場合は別だった．

筆者は，美術学校出身者では香月泰男，帰国後にプロの画家になった人では宮崎静夫が「一押し」である．二人とも抽象画であるが，虜囚生活の悲しみと苦悩，死者の怨念を表現するには抽象画が相応しい．

具象画は自然や風景を描くものだが，最小の文字数で風景の１シーンを写真のように切り取り，そこに詠み手の心情を投影するのが俳句であろう．俳句は17文字で詠める手軽さから，収容所で最もはやった文化活動である．

米田（まいた）一穂はのちに中村草田男の弟子となるが，抑留中にこんな句を詠んでいる．

・白夜なる門に弾き居りバラライカ
・韃靼（タタール）人の鞭が打つなり秋の天

阿部誠文が『ソ連抑留俳句　人と作品』に選んだ二句を挙げよう．

・土くれのごと人帰りくる落葉かな（石沢洗尽）
（労働を終えて）
・日輪はいつも枯野の隅を遁（に）げ（高木喬一）
（シベリアの太陽は淋しい）

（吉田勇の絵で知られる情景で、石原吉郎のいう「共生」の実態を語る）

川柳は抑留生活をユーモラスに、時には自虐的に描いたもので、鬼川太刀雄（きかわたちお）の『ラーゲリ歳時記』はその傑作集と言える。労働を義務づけられなかったエラブガ収容所の将校たちが、ある種の精神的ゆとりをもって詠んだものである。

赤白タア　源氏平家の戦（いくさ）だべ

（赤＝共産派と白＝保守派の争いを源平の旗印の色にかけて詠んだもので、争いから距離を置いて観察している）

民主主義　鉄条網のなかで生き

（アクチヴの唱える民主主義は収容所当局の許す範囲での民主主義でしかなく、一般社会や国際社会では通用しないという批判）

進化論　人はだんだん猿に似る

（マルクス主義は進化論を前提にしているが、収容所では人間は食べ物をあさる猿のような存在に退化してしまうという痛烈な批判）

初めての民主主義体験

最後に、抑留生活後半に捕虜たちを二分した「民主運動」について述べたい。それは戦後長いこと議論されてきたが、多くの職業軍人たる捕虜の言う「共産主義の洗脳」でも、アクチヴの言う「階級的自覚の場」でもなかった。数ある回想記のなかでも、イルクーツクに抑留され、帰国後の仲間の集まりである「アンガラ会」の活動のなかから生まれた伊藤登志夫の次の言葉が、おそらく真実に近いのではないかと思う。

「会員たちの内面にもっとも肯定的で力強い印象を残しているのは、入ソ後まもなくはじまった兵隊の権力掌握、そしてサークルや麻雀、劇団とまんとう〔饅頭（まんじゅう）づくり〕など素朴で初々しい初期民主主義であり、それがもたらした解放感と、成果としての文化活動や生活改善の実感だったことである。それに前後した軍国主義や急進的なマルキシズムは、ほとんどいうに足りる印象を残してはいない」

軍国主義一色だった日本では、とくに軍隊では人前で自由に意見を言うことも、議論して物事を決めることも極度に制限されていた。戦後ようやく一般人は占領下でアメリカ民主主義を受け入れる一方、シベリアの捕虜たちは抑留中にソヴィエト民主主義を学んだのである。保守派が意図的に混同する共産主義の思想ではなく、民主主義のルールを学んだと言ってもよい。

ちなみに、米軍の捕虜となった日本軍将兵も民主主義教育を受けたことは、大岡昇平『俘虜記』にも記されている。「民主教育」はソ連の専売ではなく、アメリカ民主主義とソヴィエト民主主義が日本の内外で競い合っていたのである。アメリカは、自国に連行したドイツ人捕虜に対しても、非ナチ化の民主主義教育を行っていた。成果は少なかったが、アメリカの豊かさを印象づける効果はあったという。

Ⅲ　抑留の地域差――ハバロフスク地方とモンゴル

従来の抑留についての研究は、ソ連が中央集権国家であるとの固定観念に縛られたものであった。しかし、必ずしもそうでないことは、米ソ捕虜送還協定（一九四六年一二月）の毎月五万人送還実施をめぐるソ連政府と地方当局との対立を見ても明らかである。捕虜労働力を可能な限り長期に確保しようとする地方当局、とくに極東部などの労働力不足地域の抵抗により、ソ連政府が譲歩を余儀なくされた例である。

また、共和国・地方・州の公文書からは、地方当局が労働力確保の問題では独自の立場を取ったこともわかってくる。

たとえば、一九四六年（月日不明）バム鉄道建設を抱えるイルクーツク州党委員会書記は、日本人捕虜は七万五〇〇〇人いるが、五ヵ年計画の基本建設には不足しており、州の建設事業体、企業の捕虜全員を残留させるよう捕虜・抑留者業務管理総局に訴えている。

ハバロフスク地方党委員会書記は、ライチハ炭坑からカラガンダ（カザフスタン）炭坑へ一〇〇〇人の日本人捕虜を移送せよという一九四六年八月中旬の内相指示を撤回するよう、副首相ベリヤに訴えている。

このほか、一九四五―四六年冬期の食糧不足のなかで、中央が援助してくれないため、ハバロフスク地方党委員会は独自の判断で予備食糧を放出した。また、捕虜と住民が交流することが禁止されていたにもかかわらず、同地方では、労働現場での接触から生まれる交流に収容所当局が寛容でさえあった。

このように、捕虜政策は共和国・地方・州によって、産業的、地理的・気候的などの条件に応じた若干の違いが見られたのである。

以下では、ハバロフスク地方と外モンゴルを取り上げる。前者は日本人捕虜の四分の一ほどが収容され、労働に使役された産業分野も多様だったからである。後者はソ連の隣国であり同盟国で、捕虜の一部を借用して使役した点がユニークだったからである。しかも、前者が「民主運動」の中心地だったのに対し、後者は捕虜に対する政治教育がほとんどまったく行われなかった点で、対照的でもあった。

ハバロフスク地方図（1945年8月）

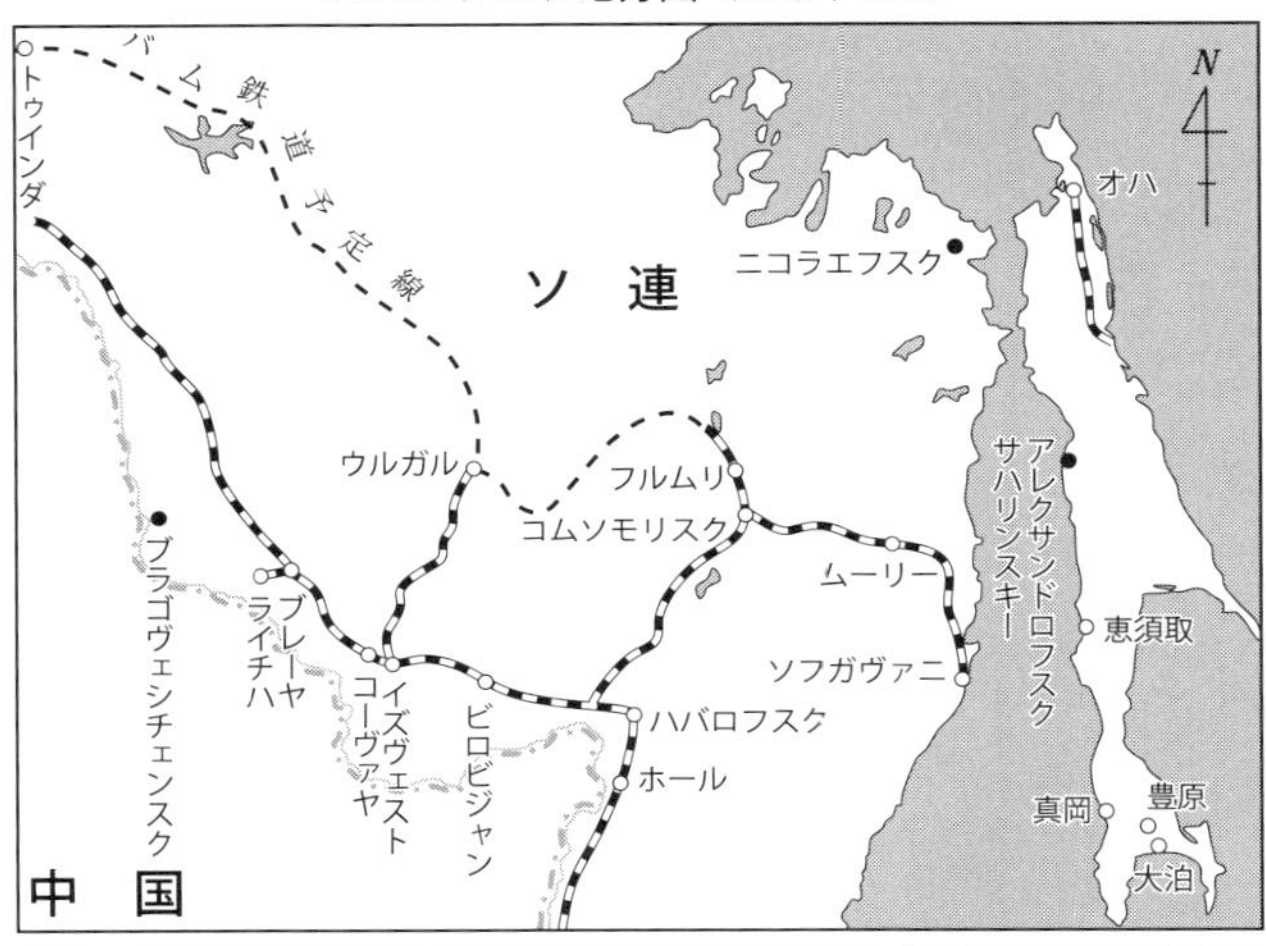

出典：ソ連における日本人捕虜の生活体験を記録する会『捕虜体験記』Ⅳ付録を基に筆者作成

ハバロフスク地方の炭鉱・鉄道労働

ハバロフスク地方（クライ）は、北はヤクート自治共和国、マガダン州に、南は沿海地方、満洲に、西はアムール州にそれぞれ接し、東はオホーツク海に面している。なお、アムール州は一九四八年八月までは同地方に属していた。ハバロフスク地方は、サハリン州やユダヤ自治州に加えてアムール州も内部の行政区として持っていた。

ハバロフスク地方は、主としてシベリア鉄道本線（バム―シワキ―ザヴィターヤ―イズヴェストコーヴァヤ―ハバロフスク）、バム鉄道予定線（バム―トゥインダ―ウルガル―コムソモリスク・

ナ・アムーレ—ソフガヴァニ）の両沿線に主要な産業が展開し、収容所も配置されていた（九九ページ2—2参照）。

地方都（クライ）ハバロフスク市には機械、造船、自動車、精油、木材加工、食品、織物などの工場があり、西北方のイズヴェストコーヴァヤは石灰、ライチハは石炭の産地であり、イズヴェストコーヴァヤを含むユダヤ自治州は農業地帯であった。ハバロフスク市北東のコムソモリスク市は製鉄、造船、機械、精油などの重工業都市であった。

開設期の収容所は準備不十分で、設備・居住条件、医療・衛生状態、食糧事情とも悪かったことはすでに見た。ここでは、一九四五—四九年のハバロフスク地方における抑留生活を、労働を中心に見ていこう。

2-8　捕虜労働の諸指標（ハバロフスク地方）　単位%

年	1946	1947	1948	1949
出勤率（対登録人員）	64.8	65.6	72.3	77.1
（対労働可能人員）	77.9	80.1	79.2	83.8
ノルマ達成率	78.9	100.1	108.1	118.9
1人1日当りの稼ぎ高*	11.77	15.02	18.1	23.25

註記：* 単位はルーブル，コペイカ
出典：*Regional'nye struktury*……5(2)

公式の報告書によれば、一九四六—四九年の作業出勤率、労働生産性（正確にはノルマ達成率）、一日一人当り稼ぎ高は2—8の通りである。捕虜の収容所への移送が完了していない一九四五年末の数値はさらに低かった。一二月時点の作業出勤率は収容登録人員の四三%、労働可能人員の五八%にすぎず、一一月時点の労働生産性（ノルマ達成率）は五〇%以下、一日一人当り稼ぎ高は七ルーブル以下である。

すべての指標が四年間で向上しているが、その理由が設備・居住条件、医療・衛生状態、食糧事情の改善と疾病・死亡率の減少によることも明らかであろう。日本人捕虜が厳しい気候条件に適応したこと、慣れない労働に馴染むと同時に、職業経験や技能に応じた仕事を割り当てられたこと、そして収容所と受け入れ企業が捕虜の管理と労働使役に慣れてきたことも挙げられる。

石炭産地のライチハには、最大時二万人を収容したハバロフスク地方有数の収容所があった。採炭では、日本人の労働とその成果は多大かつ多様であった。ノヴォ・ライチヒンスク露天掘り開削の五〇%、鉄道七〇キロ、舗装道路三・五キロ、無舗装道路一二キロ、高圧送電線一三キロの敷設を行った。鉄道三五キロを補修し、煉瓦工場、鍛造工場、工場付属学校（宿舎付）、ピオネール（ボーイ&ガール・スカウトのソ連版）・キャンプ場、子ども広場、市立公園、百貨店なども建設した。

抑留されていた高橋光助の回想によれば、ライチハの露天掘りでは、ロシア人が発破をかけ、掘削機で土砂を取り除いて出てきた石炭層に再び発破がかけられ、石炭の塊が貨車で運び出された後に線路を移動させるのが捕虜の仕事だったという。食事が「黒パンと野菜スープにわずかばかりの大豆か魚の煮つけ」にすぎないため、栄養失調で「骨皮筋右衛門となって死んでゆく仲間が増えてきた」。

フルムリ収容所にいた大畠治孝は、使役に出された労働として森林伐採、水道管敷設、そしてバム鉄道敷設を挙げている。「密林を切り開いて路盤を築き、レールを敷き枕木(まくらぎ)を並べ電柱を立てて電線を張り、その上に線路工夫の犬くぎ打ち、トロッコに修理器材をのせて毎日二〇キロ往復し、また枕木の間に砂利をつめ、レールのゲージで調整までやり、まったく予想もしなかった体験をしてきた」。

大畠は、所長は独ソ戦でドイツ軍の俘虜となり、送還後に階級を下げられたようで、「私の収容所長も現役時代は中佐だったようだが、降等され大尉にされてきていたようだ」とも証言している。

ドイツ軍捕虜だったソ連側係官たち

大畠の感想は、コムソモリスク以北のバム鉄道建設だが、以東のソフガヴァニとの間の敷設も見ておく。ここもバム鉄道西部線タイシェット―ブラーツク間と同じく、四人による建設が大戦で中断していた。その四〇〇キロを担当したのが、主として南樺太・千島の日本兵捕虜であった。

中間の山地にムーリー収容所本部所在地ムーリー駅があり、のちに抑留死亡者名簿作成で有名になる村山常雄も、一九四五年一〇月から四八年三月までここで働いていた。仕事は鉄道建設と不可分の伐採、運搬、製材だった。

択捉島で捕虜になった河野卓男は回想で、こう説明している。既設の線路は「コブシ大の石を敷き詰めた上に不平均に枕木を置いて、その上にレールを敷いた程度のお粗末なもので、列車の動揺はなはだしく、速力は十キロも出せないほどだった」。

「一日一回か二回、三〇二分所地点の河床から採取したバラス〔小石〕を二十トンおよび五十トンの二種類のワゴンに満載して、六両編成のバラス列車で運んでくる。これをわれわれ全員で貨車から下ろす。下ろしたバラスは、さっそく付近の鉄路に均らし、枕木の下に詰める。そしてレールの高低を修正し、また枕木を一定間隔に並べ直し、新しい枕木を差し込む。こうして完全な線路を築くのである」。

鉄道は一九四六年八月に完成したが、河野は他にも重要な証言を残している。「だんだんはっきりしてきたことであるが、われわれ捕虜の取り扱いに当るソ連側係官はすべてがいわば前科者なのである。すなわち、かつてドイツ軍の捕虜になった経験のある赤軍の軍人で、その連中が、懲罰的な意味か、また捕虜の気心を知っているという理由か、おそらく両方の意味からであろうが、大体二階級格下げされてわれわれの収容所の運営に当っているのである。だから収容所長も元は中佐であったそうで、普通の赤軍将校は、日本将校が軍刀を佩用していることく腰にピストルをさげているにもかかわらず、彼らに限りこれを許されていない」。

ちなみに、一九四六年一月の内務人民委員部ハバロフスク地方本部長の内務人民委員宛報告メモによれば、捕虜収容所のスタッフとして送り込まれた将校のうち約五〇〇人は長期間ドイツ軍の捕虜であった。一種の懲罰であり、階級も落とされたようである。

新興重工業都市コムソモリスクでの労働

コムソモリスク収容所は、人員一万五〇〇〇人を超える有数の収容所だった（分所は一四）。開設当初は病弱者が多く、作業出勤率は四〇％、労働生産性（ノルマ達成率）は五五％にすぎなかった。一九四六年二月、第一〇分所の契約先トラスト「アムール・スターリ建設」の仕事で、日本人捕虜三三一人（三八五人中）が森林伐採に出た。収容されていた高橋大造はこう回想している（ロシア人クズミナの著作で引用されている）。

「この仕事の経験のない日本人には、非常にきつい労働だった。もう一〇月半ばには、気温はマイナス二〇度を下回っていた。体の動きが鈍くなり、食糧不足が栄養失調症を急速に蔓延させた。食事は悪く、一日にパンはわずか三〇〇グラムだった。日本人将校の横取りのため、兵卒のパンが二〇〇グラムになることもあった。このため捕虜が毎日のように死んでいった」

しかし、収容所の状態は徐々に改善され、一九四七、四八年には、ハバロフスク地方の捕虜収容所間の労働競争で首位を占めるに至った。極東最大の製鉄所「アムール・スターリ」における捕虜の仕事は雑役だったが、足の治療から退院した松本茂雄（第二分所）は一九四六年五月から、ここで働かされた。

松本は、平炉が故障して内壁の耐火煉瓦を取り替える、猛烈な熱さのなかでの迅速な作業をソ連人労働者とともにやり抜いた経験を、ソ連人も仲間である、労働は苦役ではないという実感とともに回想している。同工場の古参労働者の回想によれば、日本人から選んだ旋盤工、平削り工、組立工、金属熱処理技術者、クレーン手、掃除夫からなる作業班は優秀であり、別の古参労働者は、日本人がマルテン炉（ドイツ人マルテンスが考案した熱処理炉）の雑役を立派にこなしたと回想している。

コムソモリスク収容所はこのほか、多様な労働、とくに建設工事に捕虜を提供した。市内で捕虜が建てた建造物は四二三件に及んだ。一九四六—四八年の建造物の実に八〇%である。そこで、この収容所及び分所は「コムソモリスク・ナ・アムーレ一九三二—四七年の名誉建設者」の称号を獲得した。これらのいくつかは、今日まで使用されている。

松本は一九四七年初め、冶金工通りの煉瓦作り二階建てコテージ二〇戸の建設に従事し、一時体を悪くして療養の後に郊外のコテージ、煉瓦作り二階建て三〇戸の建設に従事した。

コラム⑧

日本人捕虜とソ連人住民

日本人捕虜とソ連人住民は「捕虜規程」で接触が禁じられていたが，接触の機会もあった．ハバロフスク市，コムソモリスク市などの工場や建設現場で，捕虜は作業をソ連人と協力して進めた．農村のコルホーズに収穫支援に駆り出されても，同じだった．

抑留から1年もすると，捕虜のうち優良生産者は「警護兵なし」での外出を許された．それだけ住民との接触が深まり，女性と懇ろ（ねんご）な関係になったという噂も生まれた．共産青年同盟機関紙通信員の堅物（かたぶつ）がコムソモリスク市内での見聞をもとに，編集長に訴え出たことが共産党市委員会で議論になった．収容所長は処分され，「警戒心」キャンペーンが張られた．1946年9月のことである．

中央アジア諸共和国のように，労働力，とくに技能労働者が不足している地域では，日本人捕虜は歓迎された．キルギス共和国の小村タムガに抑留された日本人捕虜125人は，道路や建物の建設に取り組み，木材や石を切り出し，煉瓦を焼く仕事に600日従事した．1948年7月，一人の死者も出さずに帰国した．

60年後の2008年に「シルクロード雑学大学」の仲立ちで，宮野泰さんらがタムガを訪問し，彼らが建設したサナトリウムで現地の人々と再会する．

非常にきつい仕事だったが、ソ連人以上に働いた。

「我々には働く者同士の仲間意識、作業進行の過程が目に見える満足感があった。従って、自己管理がし易く、仕事の相談や工夫や協力があった。ソ連人には使われていても、日本人の我々はみんなが平等で、特権者に左右されることはなかった。仲間意識と競争が同居し、空を見上げながら、よく喋(しゃべ)りよく笑った。自然の美しさの中で作業に自主性が生まれ、体力は磨(す)り減らしながらも、ある種の明るさがあった」

こうしてハバロフスク地方の日本人捕虜は、劣悪な生活環境と労働条件に耐え、多くの犠牲者を出しながら、抑留生活を生き抜いた。労働生産性も一人当り稼ぎ高も先に見たように上昇したが、収容所経営は総じて採算が取れなかった。公式統計が示すように、連邦レベルで生産高がコストを上回るのはようやく一九四九年になってからで、ハバロフスク地方はこの年もなお下回っていたのである。

特別病院と抑留された日本人看護婦

ハバロフスク地方は捕虜数が多かっただけに、特別病院が一五も設置された。収容所の医院(ラザレート)では対応できない重症患者を治療するためだが、設備や器具、薬品が十分だったとは言えず、医療スタッフさえ不足し、日本人捕虜の軍医や衛生兵、看護婦の助けを借りる実情だった。

ライチハに近いザヴィターヤには、第二〇一七特別病院があった。ここで病気や怪我で働けなくなった日本兵の世話をした井上ともゑら二〇人の看護婦は、薬がほとんどないため患者の話を聞くのが主な仕事だったという。

井上は、ソ連参戦までは佳木斯（ジャムス）の陸軍第一病院の従軍看護婦だった。病院スタッフ全員がソ連軍に捕まり、見習い看護婦の一人はソ連兵に拉致（らち）、暴行されて後に遺体で発見されたという。看護婦たちはハバロフスクの収容所に入れられ、しばらくしてビロビジャン、ライチハに分散収容された。やがて井上は看護婦としてザヴィターヤの特別病院で働かされる。そこには、佳木斯の兵器廠（しょう）に勤務していてソ連軍に捕えられた片桐文江らがいた。彼女たちは促成の看護教育を受け、井上とともに日本の軍医のもとで、ソ連の軍医・看護婦に協力したのである。

「病院では、そのころ、毎日のように患者さんたちが亡くなっていった。亡くなると、その死体を一里ほど離れた場所に運び、そこに二メートルほどの穴を掘り、その中に重ねて横にして埋めるのである。ほんとうに可哀相で可哀相で、身のちぎれる想いがしたものである」

片桐は、一九四七年七月に「女子は日本に帰国せよ」との命令が出され、八月には帰国できたと回想している。ただし、この命令は公文書では確認できていない。ロシア人研究者ウラジーミル・ガリツキーによれば、第二極東方面軍（佳木斯、ハルビン方面を侵攻）による女性捕虜は三六七人、うち一五五人が収容所に引き渡された。判明していることは少ないが、女性抑留者の多数を占める看護婦が、日本軍捕虜が最も多いハバロフスク地方の特別病院で働かされたことは不思議ではない。

モンゴルでの抑留者一万二三二〇人

従来モンゴルでの抑留は、ソ連抑留の一部として付属物的な扱いを受けてきた。すぐれた回想録『捕虜体験記』でさえ、第Ⅵ巻は「ザバイカル・モンゴル篇」と括（くく）られている。注目されたのは、後述する「暁に祈る」事件、加倉井文子の回想記『男装の捕虜』くらいである。

たしかに、モンゴルは人民共和国を名乗る独立国だったが、ソ連軍とソ連人顧問に支配された属国、ソ連の一六番目の共和国のような状態だった。しかし、モンゴルは自国の国際的認知のためにも、一九三六年の相互援助議定書に基づきソ連の同盟国として対日戦争に参戦していた。その「功績」として、捕虜一万二三二〇人が戦利品とともに引き渡されたのである。捕虜は一九四五年一〇月以降、ウラン・ウデ南方のナウシキ駅で降ろされ、トラックでモンゴル国内に移送された。

日本人捕虜は、ソ連に倣った捕虜収容所システムのもと、首都ウランバートルの主要な公共施設、つまり政府庁舎、大学、劇場、ホテルなどの建設、繊維工場や農場で使役された。住居や給食、衣服の給与は貧弱で、内陸部特有の寒さのために病気になる者が多く、一六一五人が死亡している。死亡率は約一三％で、ソ連の約一〇％よりいくぶん高い。

給食はソ連の日本人捕虜に対する給食基準をそのまま適用したが、基準通りには実施されなかった。食糧の窃盗や横領、収容所や地方機関による食糧の記帳及び監督の不十分さ、運搬手段の不足が食糧不足の原因だった。運搬手段は、鉄道の少ないモンゴルではトラックに依存したが、これもソ連に供給を要請するほど不足していた。

食糧不足の結果を懸念する捕虜業務管理総局衛生部長は、給食基準通りでも二〇〇〇カロリーしか摂（と）れず、病人並みに四〇〇〇カロリーにしないと捕虜は衰弱し、死亡してしまうと当初から指摘していた。

医療衛生業務も水準が低かった。多くの捕虜が栄養失調症や赤痢に罹ったが、ウランバートルで最もよいアムラルト病院でさえ医療器具や医薬品が不足していたと、薬剤師の助手を務めた加倉井が記している。収容所当局が、日本人軍医の診断を信用せず、捕虜の患者を仮病扱いすることも稀（まれ）ではなかった。

こうした悪条件に加えて、一九四六年六月一〇日に捕虜業務管理総局による命令で、一二時間労働と休日なしを定めたことが捕虜を疲労、衰弱、そして死亡に追い込んだのである。

ソ連も、建前上は八時間労働と週一日の休日を掲げていた。モンゴルの一二時間労働命令は、捕虜のソ連への返還を予想して建設計画を「突貫作業」で達成しようとして出されたに相違ない。

「暁に祈る」事件の背景

モンゴルの収容所では、ソ連とは異なって政治教育がなかった。これは捕虜業務管理総局の訓令（一九四五年一〇月。日付は不明）からも明らかである。ソ連に倣ったはずの訓令から「宣伝煽動工作及び大衆文化活動」が除外されている。それはモンゴル側が労働使役にもっぱら関心があり、政治教育の必要を感じなかったからである。仮にやろうとしても、日本語通訳はおらず、新聞や文献、映写機もなく、その条件を欠いていた。

また、この訓令は作業大隊の長に日本人将校を充てると明記しており、階級制度が維持された。階級制度を当初は利用しながら、やがて政治教育で下士官・兵卒に収容所運営の発言権を与えたソ連とは、この点でも異なっている。階級章も敬礼も、皇居遥拝さえ続いていた。将校の一部は自己保身のために、収容所当局の意を体して兵卒を労働に駆り立てた。「怠け者は減食、絶食の刑に処する」と公言する将校さえいた。

こうしたなかで、一九四六年九月に「吉村隊事件」が起こる。吉村久佳（本名は池田重善、元憲兵曹長、少尉を自称）は、ウランバートル羊毛工場の作業大隊長に任命された。部下をノルマ達成に駆り立て、達成できなかった者を屋外の木に縛り付けて一晩中放置し、死に至らしめた。その様子から「暁に祈る」事件として在モンゴル及び在ソ捕虜の間で、また日本国内でも有名になった事件である。なお、池田は帰国後に起訴され、一九五〇年七月東京地裁により逮捕・監禁及び遺棄致死の罪状で懲役五年の判決を受けた。

生き残った一万七〇五人は、一九四七年一〇月にいったんナウシキ駅経由でソ連に戻されたのちナホトカから帰国した。モンゴルはソ連と異なる政策を選んだわけではないが、捕虜の労働力としての使役に徹していたのである。なお、抑留中死亡者一六一五人のうち一五九七人までがウランバートル郊外の墓地に埋葬されたが、この点でも、多くの遺体が遺棄され、埋葬地も少ないソ連と大きく異なっている。

Ⅳ　独立労働大隊――ドイツ軍捕虜体験者との接触

忘れられていた大隊

従来の日本の抑留研究では、内務人民委員部／内務省管轄の収容所が語られるだけで、国防人民委員部／国防省管轄の独立労働大隊は言及もされなかった。だが、独立労働大隊には日本人捕虜の約一割が所属し、彼らを無視して抑留の全体像を描くことはできない。

独立労働大隊とは第1章で見たように、捕虜の労働組織を軍隊編成と同様にし、軍事施設や軍事関連インフラ整備に使役しようとしたものである。ただし、通常の軍隊なら上部に存在する連隊がなく、軍管区に直属するので「独立」（個別）が冠されたのであろう。

注目すべき点がもう一つある。ドイツ軍の捕虜だったソ連軍将校は、帰還の際、国境における忠誠審査の結果、原隊に復帰できない者もいた。先に見たようにその結果、懲罰として捕虜収容所の幹部に送り込まれた者もいた。また、そうした元捕虜の将校及び下士官、兵卒の一部が、独立労働大隊の本部に送り込まれたようである。いずれの場合も日本人捕虜と接点があった点で興味深い。

ウラル山脈以東の鉄道沿線への配置

まず日本人捕虜の独立労働大隊は、ウラル山脈以東に配置されていた。

一九四七年三月一日時点で、ウラル軍管区三個大隊一九八〇人、トルクメニスタン軍管区四個中隊一九六一人、東シベリア軍管区五個大隊四二三二人、南ウラル軍管区二個大隊一六八八人、ザバイカル・アムール軍管区一五個大隊一万一〇六六人、沿海軍管区二〇個大隊一万六六三六人＋管区直轄七集団一万八八六五人、極東軍管区八個大隊七六四六人であった。

このうちザバイカル・アムール及び沿海の三軍管区につき、大隊番号、所在地（沿海管区本部直轄を除く）、人数を示したのが次ページの2—9である（極東軍管区は3—1）。

配置上の特徴は、第一に、鉄道沿線が多く、少数ながら島嶼部（サハリン、択捉島）にも置かれた。第二に、軍管区と行政区は一致せず、ハバロフスク市の第五二三大隊、郊外クラスナヤ・レチカ駅の第五二七大隊がザバイカル・アムール軍管区に所属している。双方とも、シベリア鉄道本線でアムール州の諸駅の延長線上にあるからであろう。ユダヤ自治州のビラ駅の第五三〇、五三三大隊も、おそらく同じ理由でザバイカル・アムール軍管区に所属している。第三に、独立労働大隊は所在地が移転するケースがある。クイブィシェフカの第五一〇大隊はのちにスレチェンスクへ、ペトルーシカの第五二二大隊は後にキルガに移動した。軍管区の都合による移転であろう。

右の第五三〇、五三三大隊における給養と労働使役に関する一九四七年五月末時点での報告書がある。それによれば、第五三三大隊は一二のゼムリャンカのうち半分は地下水が浸水し、残る半数はすし詰め状態であり、夜は灯りもなかった。捕虜の三〇%の衣服は修繕を必要としていた。

両大隊では病人が増えたが、その原因は以下のようであった。①捕虜の多数は木材調達に使役されているが、搬出作業が手で行われたため、労働災害が多かった。②大隊・中隊指導

2-9　ザバイカル・アムール及び沿海軍管区の独立労働大隊

ザバイカル・アムール軍管区（合計15）

番号	所在地	人数	備考
520	ノヴォ・パヴロフカ駅	1,027	
511	ジプヘーゲン駅	540	
512	同上	781	
515	ハラグン駅	978	
516	同上	492	療養大隊
521	トゥリンスカヤ待避駅	237	
518	ヤブロノヴァヤ駅	1,015	
519	第一チタ駅	984	付近に第24収容所
510	クイブィシェフカ駅	697	スレチェンスク移転
522	ペトルーシカ駅	455	療養大隊／キルガ移転
530	ビラ駅	712	付近に第46収容所
533	同上	841	
527	クラスナヤ・レチカ駅	835	ハバロフスク郊外
523	ハバロフスク市	519	付近に第16収容所
513	37待避駅（場所不明）	683	
	合　計	11,066	

沿海軍管区（合計20）

番号	所在地	人数	備考
554	イマン駅	947	付近に第15収容所
562	同上	717	
552	レソザヴォツク市	495	
557	同上	872	
568	アントノフカ	1,064	
555	スパッスコエ	996	
559	アストラハンカ駅	854	
561	ルーチキ駅	935	
558	ブヤンキ駅	671	
567	スイソエフカ駅	874	付近に第15収容所
569	同上	962	
570	同上	992	
563	ヴォズドゥヴィジェンカ駅	739	
560	ガリョンキ	623	
564	ウォロシーロフ	953	付近に第14収容所
571	同上	925	
565	チグロワヤ駅	973	付近に第11収容所
566	同上	933	
553	ウラジオストク市	925	付近に第13収容所
556	クラスキノ駅	528	付近に集結収容所
	合　計	16,636	

註記：配列は番号順ではなく「西から東へ，北から南へ」．沿海軍管区は他にレッチホフカ，ラズドリノエ，遼東半島などに7グループ18,865，合計35,501
出典：*Iaponskie voennoplennye*……

部は捕虜の健康状態にしかるべき関心を払わず、健康状態に応じた作業配分を行わず、療養組も設けなかった。③作業場が収容施設から遠く、毎日徒歩で一〇キロメートルも往復しなければならなかった。第五三三大隊では、病人が三月二六人、四月一四八人で、うち栄養失調症が一〇六人だった。四月三日から一一日までの間に第二九二九特別病院に運び込まれた病人は八七人だった。

大隊本部のソ連人は捕虜経験者

独立労働大隊を経験した捕虜の回想は少ないが、なかには興味深い記述もある。

中根等(なかねひとし)の回想記によれば、ハバロフスク市の第五二三大隊は「本来は赤軍のみの大隊だったようだが、日本人捕虜が参加し第二中隊として編成された模様である。作業は伐採や筏流し(いかだながし)が主であった。だから、一般的な収容所とは違い、柵もなければ有刺鉄線もない鄙(ひな)びた山村の小さな分教場風の建物が宿泊所だった。そこに赤軍中隊と捕虜が棟を別にして寄居していた」。

中根は大隊本部勤務だったため、ソ連将校及び家族と日常的に接し、「キエフやレニングラードなどヨーロッパ・ロシアからの転属者が多く、その生活ぶりは多分に都会的で、東京育ちの私には親しみやすく、また、その家族たちとの交際も楽しく、毎日が心なごむ一時期だった」。

山内伊佐男の回想記によれば、彼はチタ市（正確には第一チタ駅）に駐屯する第五一九大隊の第二中隊（第二チタ駅）に編入された。山内の推測では独立労働大隊は「本来ソ連軍の編成のなかにあるが、ソ連軍兵士の代わりにわれわれ日本人捕虜が組み込まれ、使役する便宜上、日本人将校に指揮させる形式をとったのであろう」。ソ連側大隊長は大尉、第一中隊長は上級中尉で、そのポプレービン上級中尉は「ドイツの捕虜になったということだった」。

書記や警戒兵の顔ぶれは、二年半の間に次々と変わったが、初めの頃は、「第二次大戦に従軍した者が多かった」。中隊の人数は最初二五〇名くらいだったが、ダラスンへの応援、スレチェンスクへの派遣などで増減があったと記している。管区の都合による応援、派遣だったと見られ、大隊を構成する三個中隊のもう一つ、第三中隊はチタに近いカダラの軍用飛行場に派遣されていたという。

山内は、隣接する内務省管轄の第二四収容所第二分所と自分の独立労働大隊を比較している。それによれば、収容所は、二重の鉄条網で囲まれ、四隅には投光器のついた望楼（ぼうろう）があって歩哨（ほしょう）が常時監視しているのに対し、独立労働大隊は鉄条網が簡単なもので、歩哨は門のところに立っているだけというように警戒がさほど厳重ではなかった。加えて、二年半の間の死者は五名、内訳は事故死が四名、一名は腸結核であった。この点は先にドイツの項で見た総括的文書で、死亡率は独立労働大隊の方が内務省管轄収容所より高いとする結論とは異なる。むしろ第五一九大隊が例外的だったと思われる。

林照(てる)は、ザバイカル・アムール軍管区の独立労働大隊を渡り歩かされた。その最後になるキルガの第五一〇大隊（第五二二大隊も並存）は、一九四八年五月クイブィシェフカに出向いて水道管敷設工事に取り組み、八月初めに完了し、ソ連側から賞賛、表彰された。しかし『日本新聞』は内務省収容所の仕事ぶりばかりを取り上げて、独立労働大隊を無視していると考え、第五一〇大隊として管区の他の大隊にも呼びかけて抗議しようとさえしたという。

独立労働大隊は、ジュネーヴ条約を意識せざるを得ない捕虜収容所とは異なって、「自分たちがとった捕虜を自由に使って何が悪い」という意識の赤軍の管轄下にあった。そこで、労働時間が一〇時間と長く、軍管区の都合に合わせて頻繁に移動もさせられた。捕虜の疾病率、死亡率も高かった。それだけ捕虜にとってはつらい収容施設だったが、中根、山内の回想記に見られるように、自らも捕虜の経験を持つ将兵からなる大隊本部が日本人捕虜に寛容な管理をする場合もあった。この大隊本部は第一中隊が編成替えされたものと推定される。

独立労働大隊の実態が十分わからないのは、管轄の国防省の公文書がアクセス困難なことによるところ大である。今後の課題として引き続き研究したい。

V　戦犯・政治犯とされた長期抑留者

日本赤十字社の尽力

長期抑留者とは、一九五〇年四月二二日のタス通信発表で「戦犯その他（重病人）」として送還されなかった抑留者である。

その三ヵ月前のクルグロフ内相のモロトフ外相宛書簡によれば、送還保留となっている日本人捕虜五五四四人のうち、一六九〇人は軍事法廷で有罪判決を受け、二八八三人は同法廷への起訴が決まっていた。残る九七一人は、満洲で犯した犯罪の嫌疑で中華人民共和国政府に引き渡される。

一九五〇年四月時点に戻れば、戦犯受刑者及び被告は、二月に二〇〇〇人弱が帰国したため、二六〇〇人ほどであった。その送還をめぐっては、ソ連がサンフランシスコ平和条約（一九五一年九月調印）に参加しなかったため、公式の外交ルートではなく赤十字社間で交渉が進められた。両国赤十字社間の協定により一九五三年一二月一日以降五六年一二月二六日まで一一回にわたって、合計二六八九人の抑留者が引き揚げる。

日本赤十字社は、交渉の過程で重要な質問をしている。「外モンゴル及び北朝鮮在留の日本人に関する情報がまったくないので、その居所や生活条件について照会する仲介はできないか」（回答の公文書は見出せず）。「ソ連に在留している日本人は労働に対する金銭報酬を得ているか、得ているならば、それを帰国に際して日本に持ち帰ることができるか」。日本側としては一九四七年三月以来初めての問題提起で、ソ連側回答は「賃金は得ているが、税関規則の都合で現金は持ち出せず、帰還者には買い物をしてもらっている」という一種のはぐらかしだった。

このように、日本赤十字社は外務省の仕事をいわば肩代わりして、長期抑留者の送還問題解決に尽力したと言ってよい。

ハバロフスク矯正労働収容所でのスト

長期抑留者の多数はハバロフスクの矯正労働収容所に収監されていた。捕虜はすべて送還したので捕虜収容所は存在しない、在留しているのは、ロシア共和国刑法第五八条により最長二五年の有罪判決を受けた戦犯（軍人）または政治犯（民間人）という理屈である。

抑留者は、具体的証拠もなく、職務上（たとえばロシア語の通訳、学校教員）スパイ活動、後方攪乱（かくらん）、対ソ戦準備を行っていたに相違ないと決めつけられ、有罪宣告を受けていた。しかも、抑留が長期に及んで健康を害し、労働には堪えられない状態になっていた。それだけに収容所当局に対する不満は鬱積していた。

一九五三年三月五日、独裁者スターリンが死去した。三月下旬には、共産党中央委員会幹部会による囚人一二〇万人の釈放と事件再審の決定が出された。それは、ソ連各地の悪名高い矯正労働収容所――極北のヴォルクタ、ノリリスク、カザフスタンのケンギルなど――における囚人の作業拒否＝ストライキを触発し、武装した内務省軍部隊による鎮圧という流血の事態を招いた。

日本人捕虜は収容所暴動の情報に勇気づけられ、一九五五年一二月から翌年三月にかけて、ハバロフスク矯正労働収容所でストライキを決行した。同収容所は、囚人総数一四六一人のうち日本人は一〇八六人、三つの分所のうち最大は第一分所で、総数八二四人、うち日本人八〇二人だったという。

一九五五年一二月一九日、第一分所の日本人七六九人が作業拒否に入った。収容所当局に対する要求は、六月の職員に対する殺人未遂で収監されていた大堀泰の釈放、待遇改善、とくに病弱者に労働を強制しないことであった。当局側は翌二〇日に、内務省地方本部長代行や地方検事まで加えて、囚人代表と会見した。しかし、当局側は服従し、作業に復帰せよと言うのみであり、年が明けて三月二日には囚人たちはハンストに突入した。

囚人たちは、第二分所の浅原グループ（当局支持派）らを除いて結束が固く、重症患者、高齢者、婦女子の即時帰国や家族との通信回数増加なども要求した。しかし、三月一一日に内務省軍部隊一〇四〇人によって武力で弾圧された。死傷者はなかったが、首謀者は別途監禁され、五月に裁判が行われて首謀者の石田三郎は禁固刑一年を言い渡された。しかし、給食制限や新聞雑誌購読及びラジオ受信停止などは廃止された。

折しもスターリン批判と「社会主義的適法性の回復」を唱えたソ連共産党第二〇回大会の直後であり、日ソ国交回復交渉も、この時点では一時中断していたものの、継続中だっただけに、ソ連共産党・政府、内務省としても穏便に済ます他なかったのである。

女囚中村百合子の囚人社会観察

長期抑留者は矯正労働収容所または監獄に収監され、ソ連人囚人と交わったので、ソ連社会の縮図を観察することができた。抑留されたロシア文学者、内村剛介（内藤操）の鋭いソ連社会観察は有名だが、ここでは中村百合子の著作を取り上げたい。

中村は、ロシア語ができたため北朝鮮駐屯ソ連軍民政局に勤務していたが、一九四七年帰国のために南朝鮮に入ったところで米軍防諜機関（ＣＩＣ）によってエージェントにされた。北朝鮮に戻って情報収集したのち引き返すところを、ソ連軍防諜機関に逮捕される。沿海地方ウォロシーロフ、ついでモスクワに送られ、厳しい取り調べの末、スパイ罪で二五年の自由剝奪刑を受けてタイシェットの特別規制収容所、ついでハバロフスク矯正労働収容所に収監された。

彼女の著作『赤い壁の穴』（一九五六年）には、日本人女囚の目で見た収容所とソ連社会の観察がある。見出しを拾うと「縮図の中の人間性」、「ソ連人かたぎ」、「衣食住」、「囚人と性欲」、「宗教と迷信」、「ソヴェト人の性問題」、「愚連隊はあとを絶たない」、「売春婦・私生児・孤児院」などである。

「縮図の中の人間性」には、飢えとエゴイズムに関する印象深い一文がある。「囚人になって飢えを感じるのは逮捕直後ではない。捕まった当座は精神的に参り、心の余裕もなく、また今までの充分な食生活から来る栄養のユトリもある故か、余り空腹は感じない。暫くたってからものすごい空腹を感じる様になる。いても立ってもいられない位、そしてその数ヵ月が過ぎると、体がこの分量になれてしまうのでまた楽になる」。

「強いものの勝つところ、これが収容所だった。〔中略〕収容所はエゴイストの集まりだった。しかし、そうでない人のいなかったと言うより、そうでなくては、収容所生活の一日も出来なかったことを思う時、結局、エゴイストは一人もいなかったことになる。赤裸々にエゴイスト振りを発揮せざるを得なかっただけに、後くされがなく、美しかったと言っても過言ではないと思った。少なくとも、美しい言葉で、また二重人格でエゴイスト振りをカムフラー

コラム⑨

山本幡男と「遺書」の伝達

山本幡男の名前はさほど知られていないが，辺見じゅん『収容所から来た遺書』（1989年）の主人公と言えば「あの人ね」とわかる人も少なくない．

ハバロフスクの収容所で，病気で死期が近いことを悟った山本が，仲間7人に「遺書」（妻，子どもたち，母宛）を口述して暗記してもらい，仲間がそれぞれ帰国したとき妻を訪ねて伝えたという話である．書類がすべてナホトカで没収されることは，抑留中の捕虜にもよく知られていたからである（山本は1954年8月25日死去）．

この本は大宅壮一ノンフィクション賞を受けたが，一部事実と異なる叙述がある．「遺書」は，1957年1月に最終船で帰国したばかりの山村昌雄が最初に伝えたことになっている．しかし，子息の顕一に確かめると，実は1955年9月社会党議員団がハバロフスク収容所を慰問したおりに，「遺書」の一部が戸叶里子衆議院議員にこっそり手渡されていたそうである．

ちなみに，山本は満鉄調査部に勤め，「スパイ罪」で自由剥奪20年の刑を受け，ハバロフスクで服役していた．「アムール句会」を主宰したが，筆者の一番好きな句を挙げたい（雅号・北溟子）．

日灼けして危ふく残る眼の知性

ジュしている一般社会よりは」
「愚連隊はあとを絶たない」では、囚人社会の独特の秩序、刑事犯が上位に立つ社会、その刑事犯にも身分制がある点を描いている。「彼等〔刑事犯〕にも階級が生まれた。ブラトノイ（ヤクザ）、ツヴェトノイ（ヤクザがかった者）、スーチカまたはスーカ（雌犬のことで、ヤクザの振りをした当局の手先）、ガロドヌィ（食べたくてヤクザの周りに寄ってくる者）である」。「このヤクザ連中に目をつけたのが、ベリヤ一味〔収容所を管理する内務省のボスたち〕だった。彼等を利用して、まず囚人達を手始めに無茶苦茶にしてしまおうという計画は図に当って、やくざ連中は彼に協力する様になった。〔中略〕収容所内では、殺人が平然と行われる様になった。陰の力を得たこのヤクザ連中は、絶対に作業に行かなかった。朝から夜まで、盗んだ品物を看守を通じて売り、酒を買い、トランプ、バクチにふけった。ヤクザを敵にしては、看守も一日とて収容所では勤まらないので、いつの間にか、看守達もヤクザ達のいい仲間になり、おこぼれ酒に酔う様になって来た」

引用の前者は、囚人のエゴイズムの肯定という点で、同じく長期抑留者の石原吉郎が敬愛してやまなかった鹿野武一（かのぶいち）（ペシミストの自己犠牲）の対極にあることを示している。後者はソルジェニーツィン『収容所群島』を彷彿とさせる記述であり、のちに内村剛介が描いた囚人社会、ヴォールル（泥棒）の支配する社会を先取りしている。

第3章　「現地抑留」された日本人——忘却の南樺太・北朝鮮

I　ソ連軍による南樺太・北朝鮮占領

ソ連軍の北朝鮮侵攻と占領

極東ソ連軍・第一極東方面軍隷下の第二五軍は一九四五年八月九日、太平洋艦隊との共同作戦で北朝鮮に侵攻した。雄基、羅津、清津に空から銃爆撃、また艦砲射撃を加えた上で、雄基、羅津には一一日、清津には一三日に上陸した。清津では激戦になったため、さらに一個師団が上陸した。

当時咸鏡北道・南道方面の防衛に当たっていた日本軍は羅南師管区（二万九二七〇人）だったが、八月一五日の「終戦の詔勅」を受けた翌一六日の大本営停戦命令を一九日に受領した。この日、ジャリコーヴォでは、第2章で述べたように、関東軍総司令部が極東ソ連軍総

北朝鮮図（1945年8月）

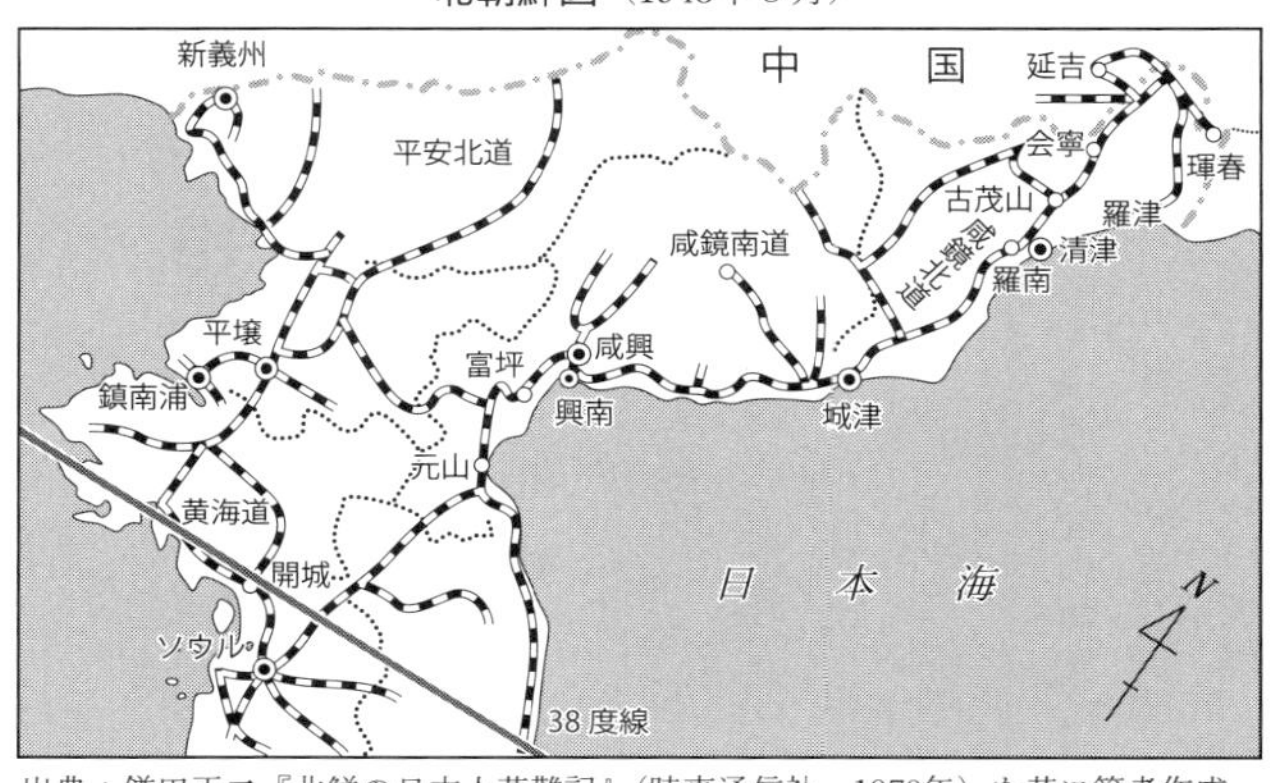

出典：鎌田正二『北鮮の日本人苦難記』（時事通信社　1970年）を基に筆者作成

司令官に停戦を申し入れ、武装解除に応じている。

これ以降、北朝鮮の日本軍は関東軍隷下にあるため抗戦しなかった。そこでソ連軍は、八月二一日咸興、元山、二二日城津、二三日開城、二七日平壌、三〇日新義州と、容易に北朝鮮各都市に進駐する。ソ連軍が北緯三八度線以北を占領することになったのは、八月一八日修正の連合国総司令官一般命令第一号に従ったからである。

八月二六日のソ連軍と平壌師管区司令官との協定では、日本軍武装解除の日時が指定され、「居留民の保護はソ連軍の責任において行う」「日本軍の佐尉官は古茂山に集結、下士官兵はソ連軍の指揮下におく」ことが定められた。翌二七日、第二五軍司令官イワン・チスチャコフ大将は、以下のような声明を発表した。

①平安南道の日本政府（平壌の日本政府機関）は消滅し、曺晩植（チョ・マンシク）を委員長とする平安南道人民政治委員会に政権が引き継がれる。

②いっさいの日本人官吏は退官する。日本人中、技術者及び朝鮮人側ではできない技能を有する者は、現状を維持する。日本人の居留・就職は新政権が決定する。

③日本軍は全部捕虜として処遇する。

④食糧の配給は、従来どおりに行い、日本人に減配することはしない。

⑤日本人、朝鮮人とも仲良く提携する。もし問題が起これば、ソ連軍に申し出ること。

⑥労働者のストライキは禁止する。

⑦民有の銃器は、すべて没収する。ただし刀はとりあげない。

⑧新政権が各道で成立したのちに、統一した政府をつくるが、北緯三八度線は、米ソ両軍進駐の境界とするだけであって政治的意味はない。（一部省略）

難民の発生と将兵のソ連移送

ソ連軍の侵攻により、満洲の日本人居留民は難民化して北朝鮮に流れ込んだ。北朝鮮で最初に攻撃を受けた最北部の咸鏡北道でも、居留民が難民となった。満洲からは約六万人の難民が着の身着のままで、平安北道（新義州、郭山など）や平安南道（平壌、鎮南浦など）に逃れて来た。彼らはすぐに食糧に事欠き、満鉄職員家族を中心に約二万人が満鉄の呼びかけに応じて、満洲（新京、奉天など）に逆戻りした。

咸鏡北道の日本人難民約七万五〇〇〇人の約半数は咸興、興南、元山にたどり着き、「咸鏡北道避難民会」を結成して、食糧の確保、南下脱出策の検討に当たった。咸鏡南道の興南では多数の日本窒素肥料関係者が残留し、朝鮮側の管理下で技術協力を行うことになる。九月一日に結成された「日本人居留民会」はソ連側と折衝しつつ、食糧確保と伝染病対策、咸鏡北道からの難民支援などに取り組みながら、南下脱出策を練り始めた。

ソ連軍は侵攻した各地で略奪、暴行を働き、「居留民の保護」は空約束にすぎなかった。地元の朝鮮人は長い植民地支配による反日感情が強く、一〇月一二日にソ連第二五軍司令官の声明でお墨付きを得た保安隊が、日本人居留民と難民に危害を加えていた。

日本軍捕虜六万六〇〇〇人は、三合里、美勒堂、宣徳、富坪、五老里、興南などの収容所にいったん収容される。収容所といっても、旧日本軍の兵舎・施設、公共施設であり、ソ連本土のような鉄条網、監視塔付きの厳重な隔離施設ではなかった。

一九四五年秋冬には、捕虜のうち四万六〇〇〇人がソ連に移送された。興南経由（一部は延吉経由）で入ソした長田正男は次のように回想している。

興南港での待機が二ヵ月余りに及んだが、三合里収容所の生活とは「比べものにならないほど恵まれていた」。巨大企業（日本窒素肥料）の従業員宿舎ゆえ暖房や給湯が完備し、畳の上で寝られたからである。一キロメートルぐらい離れた埠頭（ふとう）の倉庫などに積まれた諸々の物資をソ連国内に運ぶための荷積み作業が労働であった。物資は、ソ連軍が「戦利品」と称して各地から集積した機械設備類、農産物などのほか、当該企業の生産した肥料、火薬原料、石鹸類、澱粉（でんぷん）類であった。ソ連側の給与は乏しかったが、足りない分は倉庫で警備兵に頼み、自分の私物と交換に食糧などを入手して補ったという。

ソ連軍の南樺太・千島侵攻と占領

南樺太及び千島は、第五方面軍（一九四四年二月編成／司令部：札幌）の管轄下にあり、南樺太は第八八師団、千島は第九一師団が防衛していた。一九四三年五月のアッツ島守備隊玉砕により、北方軍は対米防備に重点が置かれ、そのために千島守備が強化されたが、さらに戦局が悪化して本土防衛が重視されるようになると、千島守備は限定されて占守島及び幌筵（パラムシル）島中心となった。

終戦直前の日本軍の兵力は、北千島（占守島、幌筵島）に兵員二万五〇〇〇、火砲約二〇〇門、航空機八機、戦車一個連隊であった。南樺太は師団定員こそ二万余りだったが、戦車

ソ連軍による南樺太・千島列島侵攻図

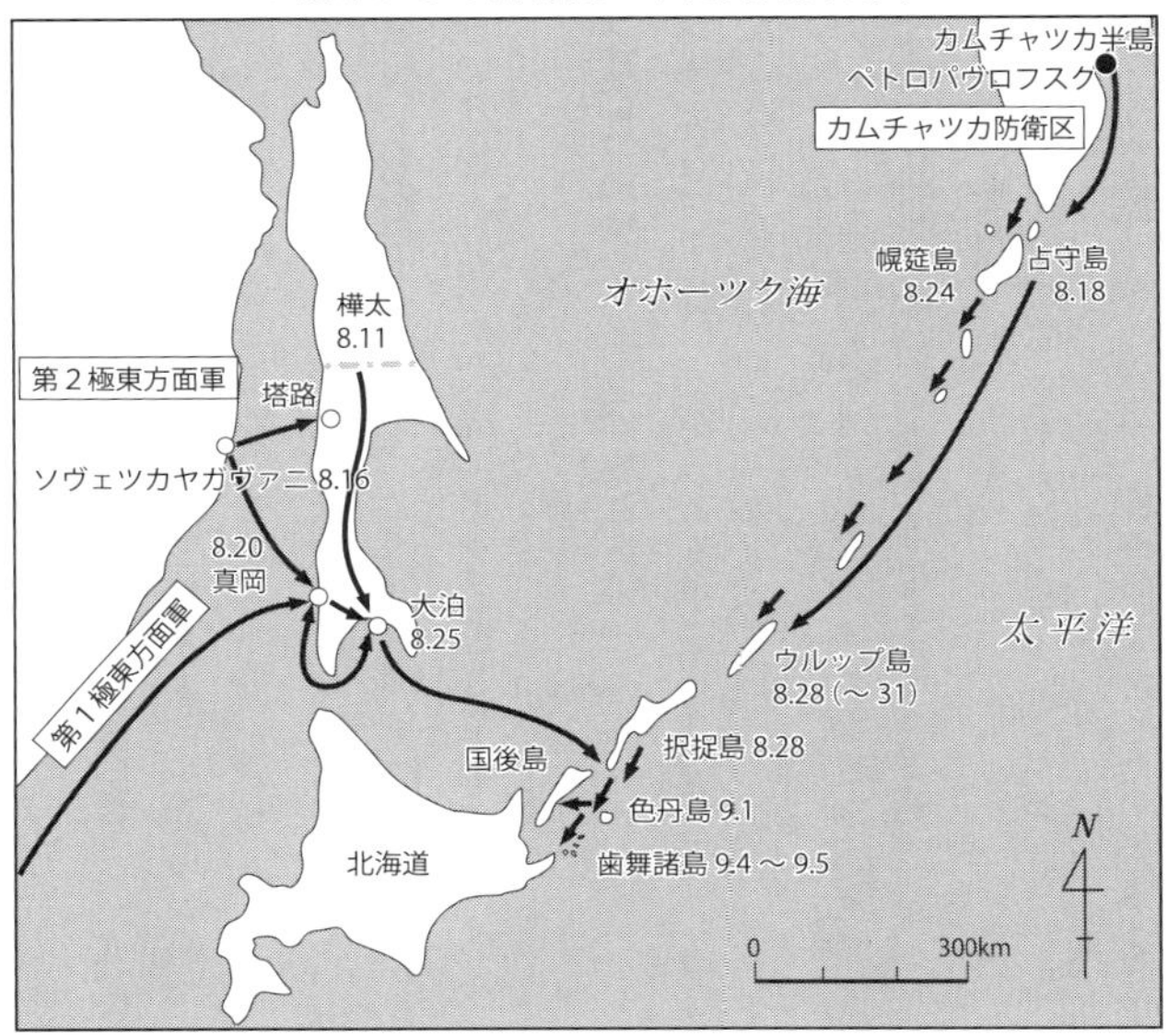

出典：中山隆志『1945年夏　最後の日ソ戦』（国書刊行会，1995年）を基に筆者作成

も高射砲も航空機もなかった。

対する極東ソ連軍・第二極東方面軍の樺太・千島攻撃部隊は、兵員数、火砲・戦車・航空機とも日本軍を大きく上回り、太平洋艦隊及びカムチャツカ海軍基地から艦砲射撃と上陸のための艦船を動員していた。

八月一一日、樺太では北緯五〇度線の国境地帯にソ連軍が侵攻し、古屯、気屯で激戦となった。ソ連軍は西海岸にも上陸すべく、塔路、恵須取（えすとる）に激しい空爆と艦砲射撃を加えた。一六日には対岸のソヴェツカヤガヴァニから輸送されたソ連軍部隊が塔路に上陸した。第五方面軍は北樺太上陸作戦による反攻を決定したが、前日の終戦詔勅に従い、一六日には大本営が「即時戦闘行動中止」を命令した。

だが、ソ連の侵攻は続き、これ以降は「自衛戦闘」となり、ソ連軍の内陸・南方進出を遅らせながら居留民を避難させることが主眼となる。八月二〇日、ソ連軍は艦砲射撃を加えながら西海岸南部の真岡に上陸した。守備隊は市街地で、後退した山間部で激しく抗戦したが、将兵、住民に多数の死者を出した。なかでも真岡郵便局の女性電話交換手九人が最後まで現場にとどまり、青酸カリを仰いで自決した悲劇は有名である。

八月二二日、知取(しるとり)で第八八師団参謀長とソ連軍アリーモフ少将との間で停戦協定が成立したが、これは一九日のジャリコーヴォでの停戦協定に倣ったものである。しかし、停戦協定後もソ連軍は豊原駅一帯に爆撃を加え、難民一〇〇人以上が死亡、市街が焼夷弾で大きな被害を蒙(こうむ)った。

八月二三日から二五日にかけてソ連軍主力部隊が、樺太庁所在地の豊原に進駐し、海軍の根拠地だった大泊も二五日、南下部隊と上陸部隊に攻撃されて占領された。この八月二五日が樺太戦の終結日である。樺太戦の犠牲者は将兵約二〇〇〇人、民間人約二〇〇〇人だった。

一方、千島列島では八月一八日未明、カムチャツカ半島の南端ロパトカ岬から占守島に砲撃が開始され、ソ連軍は北岸の竹田浜に上陸した。第九一師団（司令部は幌筵島柏原）は激しく応戦し、強力な戦車第一一連隊も投入して、ソ連側に甚大な損害を与え、一進一退の攻防となった。

しかし、この日第五方面軍から「戦闘停止、やむを得ない場合に自衛戦闘」の命令に接したため、第九一師団は「積極戦闘」を中止し、停戦交渉に応ぜざるを得なかった。停戦協定は八月二一日に柏原沖のソ連艦上で結ばれた。死傷者は日本軍一〇一八人に対し、ソ連軍一五六七人であった。占守島攻防戦は日ソ戦争で唯一、日本側が優勢だった戦闘である。

この後ソ連軍は千島列島を順次南下し、択捉、国後、色丹、歯舞諸島を九月五日にかけて占領した。日本が米艦ミズーリ号で連合国に対する無条件降伏文書に調印したのは九月二日である。ソ連は米英とのヤルタ密約で南樺太及び千島領有の了解を得ており、歯舞諸島占領まで軍事行動をやめなかったのである。

捕虜となった将兵六万八〇〇〇人の大半は北樺太オハ収容所、大陸の収容所に移送された。

樺太からの緊急疎開、密航による一〇万人の脱出

樺太庁は、ソ連軍が侵攻した八月一一日の翌日、老人、婦女子の北海道への「緊急疎開」を決定した。

八月一三日から一〇日間に一六万人を輸送する計画で、六五歳以上の老人、一四歳以下の

児童・幼児、四〇歳以下の女性、病人と身体障害者が対象だった。乗船地は大泊、本斗、真岡とされたが、ソ連軍の侵攻により真岡、本斗からの出航は二〇日には打ち切られる。大泊からの出航は、一三日から停戦協定による輸送停止の翌日である二三日まで行われた。緊急疎開者約七万六〇〇〇人の九割以上が、大泊からの脱出であった。

このうち八月二〇日に大泊を出航し、稚内で八七八人を下ろし、小樽へ向かう六人を乗せた小笠原丸（乗組員を含め七〇二人）、第二新興丸（三六〇〇人）、泰東丸（七八〇人）が二二日午前、北海道留萌沖でソ連の潜水艦の雷撃、砲撃を受けて沈没、大破した。乗船五〇八二人中、死者一五五八人、行方不明一五〇人という惨事となった。

ソ連軍は満洲と同じく南樺太でも、進駐するや略奪と暴行の限りを尽くした。囚人兵の仕業だとされ、八月二七日ようやくアリーモフ豊原市衛戍（えいじゅ）司令官命令も出て取締りの対象になったが、遅きに失した。アリーモフ司令官は、樺太庁には従来通り執務を行い、住民には生産その他の業務に従事するよう、難民には原住所に復帰するよう、また学校その他の教育機関を再開するよう指示した。治安維持には進駐軍が責任をもって当たるとし、住民の生活様式、習慣、信仰を尊重することも約束した。

その一方で、内地との通信、内地ラジオの聴取を禁止（受信機を没収）し、他の市町村に出かける場合に司令部の許可を受けることを義務づけ、午後九時以降の夜間外出を禁止した。

住民は内外の情報を得られなくなり、自分たちの今後について不安を募らせた。また、住民は通行許可証なしには他の市町村に出かけられなくなった。占領軍は、八月の緊急脱出の再発を防ぐために港を厳重に警備し、漁船の出入りも監視した。

それでも住民は、北海道への密航脱出を図った。一九四五年八月の緊急疎開で妻子と離ればなれになった男たちは、厳しい海上警備をかいくぐって漁船で脱出した。漁船を準備し、密航を斡旋する業者さえあった。ボートからランチ（小型の機動艇）まで二〇円、ランチで北海道まで一〇〇〇円の値段だったという（一九四六年に米一〇キログラムが三六円三五銭だった）。

一九四五年八月末から四六年末までに密航脱出した者は二万四〇〇〇人に及んだ。緊急疎開と合わせて総計約一〇万人が離島したことになる。

II 南樺太居留民三〇万人――「島ぐるみ」抑留

ソ連の軍政とサハリン州成立

ソ連は自国領となる南樺太の有力な産業、すなわち林業及び製紙業、石炭業、漁業さらには鉄道を維持するために、大陸からソ連人が移住する数年間、日本人を残留させようとした。

従来と同じ賃金、労働条件で働いてもらう、一種の留用である。それゆえ八月二三日以降の住民脱出を阻止したのである。

九月末にはアナスタス・ミコヤン人民委員会議議長代理、一一月初めにはアレクサンドル・イシコフ漁業人民委員が南樺太を視察した。ソ連領に編入される地域の経済事情、漁業事情を理解しておくためであるが、政府が南樺太を重視していた証である。

九月二三日に設置された極東軍管区南サハリン民政局は島内一一ヵ所に、下部機関として民政署を置き、それを通じて市町村に指示を伝達した。一二月末までには旧樺太庁幹部を逮捕し、行政権を掌握したが、民政局には通訳が一四人しかいなかった。

日本人居留民向けの日本語新聞『新生命』は、一〇月一五日に発刊された（週三回刊）。二面立てで、一面はタス通信などを引き写したソ連事情の紹介、二面は樺太の産業及び労働を中心とする記事だった。大陸の捕虜を対象にした『日本新聞』ほどにはプロパガンダ色が強くなかったが、紋切り型の記事で、無料配布とはいえ三〇万居留民に三万部では、与えた影響も小さかった。

同じ頃、日本語ラジオ放送も同様の内容で週二時間、ハバロフスクの放送局から流し始めた。居留民は家庭の受信機を没収され、職場などで聞くほかなく、聴取数は少なかったと見られる。

南樺太全図（1945年 8 月）

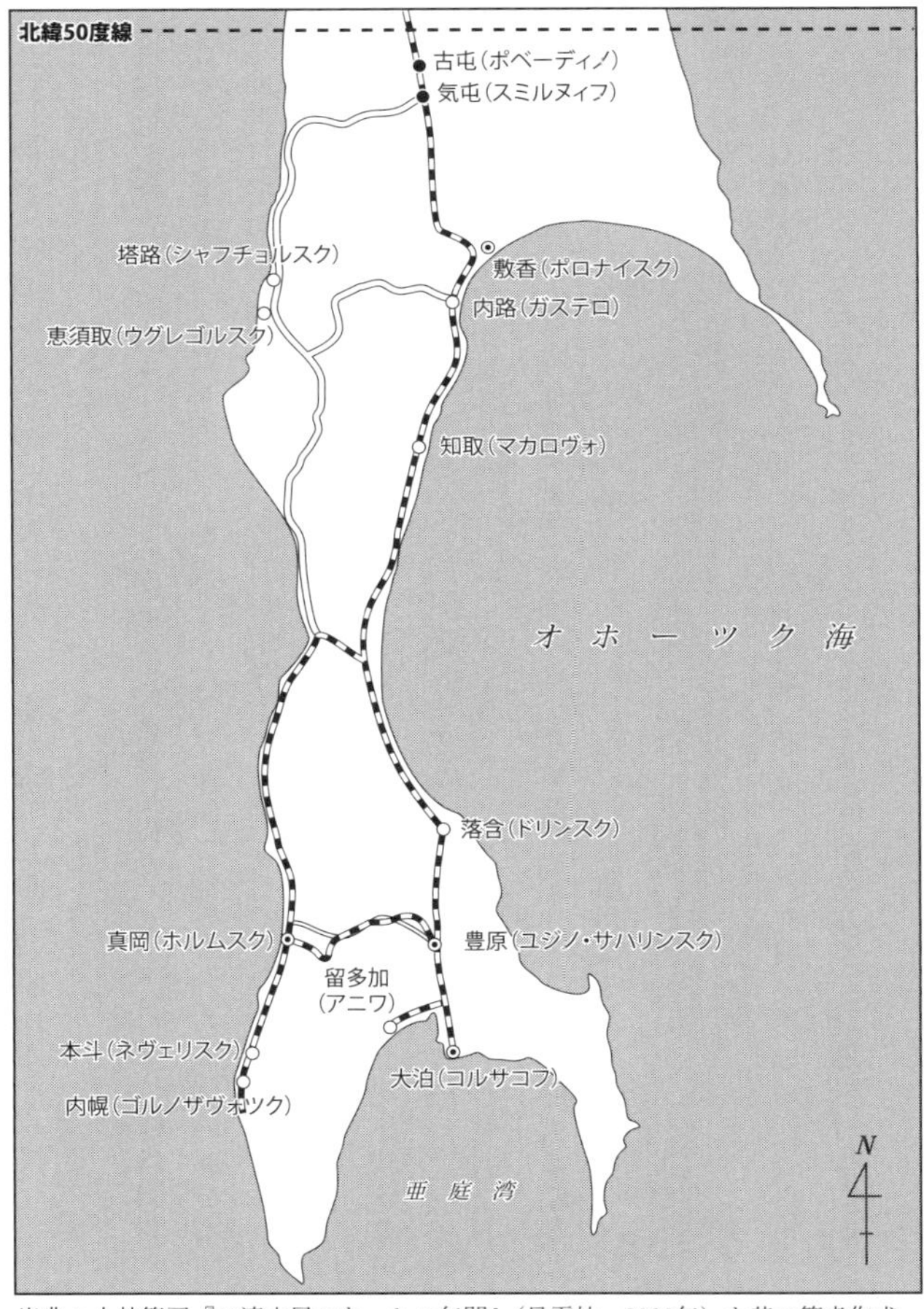

出典：小林篤司『ソ連市民になった二年間』（星雲社，2002年）を基に筆者作成

一九四六年二月二日、南樺太及び千島列島はソ連最高ソヴィエト幹部会令で、占領地からソ連の南サハリン州となった。七月一日時点で州の人口は三〇万五八〇〇人、内訳は日本人二七万七六四九、朝鮮人二万七〇九八、アイヌ民族四〇六などであった（千島列島のみに限ると人口は一万九一一九）。一九四五年一月時点の人口が三九万二〇〇七だったので、南樺太からの脱出一〇万人分だけ減少したことになる。

一九四六年六月、豊原がユジノ・サハリンスクと改称され、真岡がホルムスク、大泊がコルサコフになるなど、他の市町村もこれに続いた。翌年一月二日ソ連最高ソヴィエト幹部会令により南サハリン州が廃止され、サハリン州に編入されるとともに、同州はハバロフスク地方から分離された。

内路町役場前の風景

企業の国有化、計画経済導入

一九四六年二月の幹部会令は南樺太のソ連編入のほか、大企業、鉄道水運、通信、公共事業の国有化を規定し、実際に六八二の企業が国有化された。

企業が国有化されると、日本人の働き方にも変化が生まれた。企業は自立性を失い、計画経済の下でソ連官庁出先機関、ソ連人管理職の指揮下で動かされるようになり、日本人労働者にも作業ノルマと厳しい労働規律が課されるようになった。

石炭産業では、欠勤や職場放棄、「消極的サボタージュ」に近い労働ぶり、きわめて不十分な規律が横行した。その原因は、食糧供給が悪く、賃金の遅配があり、医療衛生サービスも不十分だったからである。通訳がごく少数しかおらず、作業指示伝達が困難だったこと、労働者が計画・ノルマ制度に馴染めず、本土に帰りたくて仕事に身が入らなかったことも大きな要因だと思われる。

製糖工場に勤めたある日本人の回想によれば、一九四六年春からソ連式のノルマが導入され、所持品をバザールで売って足しにしようにも目ぼしいものは売りつくしたので、職場でノルマ達成に励むほかなくなった。しかし、成績優秀者は「会社が手放さないから帰国が後になる」というデマが飛び交い、「仕事の能率を加減するものも出てきた」という。

漁業については、留多加（アニワ）で日本人漁業会に勤めた小林篤司が次のように回想している。

ソ連には海洋漁業の熟練漁夫が少なく、とくに春鰊（にしん）のように「短時間に勝負の決まる」漁撈（ぎょろう）にあっては、日本人の技術に頼るほかなかった。国有機関である漁業トラストも「日本人漁業者の生産した水産物を、日本時代の価格で買い上げ、しかも支払いを正確にした」という。戦後生産力がガタ落ちした南樺太の産業全体のなかで、漁業は日本時代の生産を維持した。ここでは「国有化」とは名ばかりで、計画やノルマはあるものの、個々の漁夫の熟練と創意が重要だったのである。

農業や漁業のように季節によって労働力需要に著しい変化のある産業では、農繁期や漁期に他産業の労働者のみならず、児童・生徒や主婦までもが応援に駆り出された。鰊漁の徴用は強制的に行われたが、日本人も賄賂(わいろ)その他で徴用逃れをしたという。

他方で、冬場の炭鉱労働には農民や漁民が応援に駆り出された。一九四五年一一月の石炭増産のための労務者の徴用は、主として無職者と事業所を接収された職員を対象に「往年の赤紙に似た封書」が配達されたという。

総じて、南樺太の占領及びソ連編入初期の経済、産業の実態についての研究はない。ロシア人研究者エレーナ・サヴェリエワは公文書を用いた著作で「ストライキやサボタージュが一度ならず起こった」と書いているが、具体的な叙述はなく、国有化された企業の経営や労使関係の実態に立ち入っていない。戦前は南樺太最大の地場産業で、最新設備を有する企業だった王子製紙が国有化後どうなったのかにもほとんど言及しておらず、今後の公文書を活用した研究課題は多い。

独立労働大隊の捕虜の仕事ぶり

南樺太及び千島での日本人捕虜のうち、ある統計によれば、留置されたのは七四九二人だった。うち南樺太には内務人民委員部管轄五〇〇〇人、国防人民委員部管轄二四九二人が留置されたという。しかし、ロシア国立軍事公文書館所蔵で、最近新聞報道により明るみになった真岡送還収容所の文書によれば、独立労働大隊は少なくとも知取、敷香（しすか）、豊原、気屯、古屯にあり、合計五九四一人の捕虜が所属したという（このほか択捉に一〇二五人 3―1）。ところが、その労働使役の実態は判然としない。わずかに、南樺太のパルプ・製紙企業に石灰石を供給するための古屯―雁門間の鉄道敷設に、当初五〇〇人の捕虜からなる独立労働大隊が当たったこと、ついで二つ目の独立労働大隊五〇〇人も投入されたことが、サヴェリエワの著作に見られるくらいである。

回想記も、豊原を本拠とする第五三二独立労働大隊にいた三村清のそれくらいしかない。三村の部隊は工兵だったため、豊原で収容所を建設させられ、そこに入所した。一〇月下旬に工兵隊編成のまま第五三二独立労働大隊が編成され、三村の第三中隊は豊原市内、近郊で飛行場、病院、学校、官舎、パン工場、倉庫、下水道などの建設、修理に当たり、農場で農作業も行った。

3-1 極東軍管区の独立労働大隊（ORB）・民間人労働大隊

番号	所在地（旧名）	人数	備考
ORB 28	マカロヴォ（知取）	1,201	803（47年3月）
29	不明	996	＊
524	不明	769	
525	ペトロパヴロフスク（カムチャツカ）	770	1,000（47年3月）
528	不明	975	
529	ワニノ（樺太対岸）	193	916（47年3月）
531	ポロナイスク（敷香）	1,022	プロコピエフスクより移転
532	ユジノ・サハリンスク（豊原）	1,457	949（47年3月）
534	スミルヌィフ（気屯）	1,041	
550	ポベーディノ（古屯）	1,220	
551	エトロフ島	1,025	
	小計	10,669	
民間1	ウスチ・カムチャツカ	670	

註記：＊下記公文書館のハバロフスク地方に関する一文書では，抑留者＝民間人のORB20（1,437人）がサハリン州にあったとされている
出典：『読売新聞』（2016年3月7日）; *Iaponskie voennoplennye*…….
『読売新聞』がロシア国立軍事公文書館で入手・発表したものを加工した

一九四八年五月には気屯での伐採作業に駆り出された。千島部隊だった捕虜（第五三四独立労働大隊と思われる）が疲労したための応援だったが、北緯五〇度線まで三〇キロの伐採作業は厳しかったという。この回想からも、すでに第2章Ⅳで見た大陸の独立労働大隊と同じく使い回されたことがわかる。

ちなみに、樺太・千島列島には、内務省管轄の捕虜収容所は北樺太のオハ市と幌筵島にしかなかった。オハ収容所には一九九一人の捕虜が収容され、日本が放棄した利権事業を引き継ぐ「サハリン石油トラスト」での石油採掘・精製に使役された。その実態は、ロシア人研究者ラリーサ・ドラグノーヴァや松井憲明がかなり明らかにしている。

ソ連人との同居と食糧確保策

南樺太に残留させられた日本人は、従来の住居に住み続け、隣組も維持した。隣組は、民政署から町村長への指示、その他の情報を住民に伝達する機能を果たし、配給や徴用に組織力を示した。一九四六年二月にソ連に編入されて南サハリンになると、当局が発行したパスポート（身分証明証）の携行が義務づけられた。民族籍は日本だが、国籍はない身分で、就職や就学などでソ連人より明らかに不利な立場となった。

占領後まもなくソ連の軍人や官吏が日本人宅に間借りするようになったが、力関係から広さも利便も彼らに譲らざるを得なかった。当初は言葉が通じないためもあってトラブルが多かった。しかし、「こちらから望んで部屋を提供した人たちも多かった。ムスメ、ダワイ（娘を出せ）と侵入する暴漢から家族を守ることができるからだ」という住民の回想もある。

ソ連編入後の一九四六年四月末には、ソ連人は大陸からの移住の結果、軍人、官吏、労働者など約一三万人に達した。全人口の約三分の一である。次のような回想もある。

「ソ連人が日本人家庭に同居するようになって、その国民性を知ることができた。庶民は不平もいわず、よく耐乏生活を押しとおすし、屈託なく、よく飲み、食い、かつ歌い踊る。人種差別もなかった。しかし、性生活のたくましさに、子をもつ親は困った。また、無計画な生活も目についた。給料日になると、彼らは配給所に直行、ウオッカ、塩ニシン、黒パンなどを買い込み、気の合った者同士〔中略〕夜を徹してさわぐ。同居の日本人にもふるまう。ところが、配給食糧を食べつくすと、月のうち何日かは、ろくにノドを通すものがない――こんな生活をみて、日本人はソ連人を軽蔑した」

ところで、樺太庁は太平洋戦争中に食糧備蓄一年分を確保していたが、日ソ戦争の敗北後これら備蓄倉庫が日本人、ソ連兵による略奪に遭い、盗品が闇取引された。一九四五年九月二六日に設置されたソ連軍民政局は翌日の命令のなかで、米保有量の全面的な調査とバザール（市場）の至急開設を指示したが、米はすでに形成されていたバザールに流れて高値で売られていたのである。

バザールはロシア人、朝鮮人、日本人が売り手となり買い手となる市場で、何でも売られている。「元をただせば悉く盗品だと言っても良い程」で、日本人は皆「泥棒市場」と呼んでいた。

バザールは、賃金だけでは物価高に追いつかない日本人居留民が、衣類や調度品などを売って食糧購入に充てる「タケノコ生活」に不可欠だった。一九四五年中はまだ米が入手できたが、本来樺太では生産しないためバザールでも品薄になり、翌年以降は粟や品質の低い麦粉が主食となった。

太平洋戦争中から実施されてきた配給制は、大量疎開による物資持出し、海上封鎖による内地との移出入途絶、ソ連自体のモノ不足のため、ソ連軍政下でも、ソ連領編入後も維持された。ただし、ソ連の配給制は、日本のような地域中心ではなく職域中心なので、主婦が多い日本人居留民には不利だった。

配給制は主食品などの入手には不可欠だったが、それだけに一九四六―四七年冬のウクライナなど欧州部の飢饉のために配給基準が切り下げられ、また職域優先で地域に欠配が出たことは、日本人居留民に痛手だった。

一九四七年末の通貨改革に伴って配給制は廃止されたが、勤労者が生活必需品を購入するのは国営商店よりも職場の購買部であり、そこでもモノ不足が生じたため、配給制が継続していたかのように回想記には書かれている。

経済犯罪容疑による「大陸流刑」

南樺太の民間人抑留者は、たしかに飢餓を経験しなかった。しかし、すでに見たように自由を制限され、さらに逮捕の危険にもたえず曝されていた。作業ノルマの恒常的な未達成、遅刻や欠勤、また不良品の生産は経済犯罪として刑事罰の対象になったからである。以下に挙げる三人は、経済犯罪その他で大陸に流刑され、日本への帰国が五〇年後になった。

鉄道の機関士だった伊藤実は、一九四六年六月ソ連人の指示に従った徹夜明けの運転による過労の結果、停止信号に気づかず衝突事故になりかけた。故意に事故を起こそうとしたと見なされ、自由剝奪二年六ヵ月の判決を受け、豊原の刑務所からハバロフスクへ、コムソモリスク・ナ・アムーレへ、さらにカザフスタンのアルマ・アタに送られた（一九九七年永住帰国）。

ソ連侵攻時に国民学校の生徒で「国民義勇隊」に召集された阿彦哲郎は、一九四八年六月にそのことを密告されて逮捕され、スパイ罪で自由剝奪一〇年の刑を受けた。豊原の刑務所からウラジオストクに送られ、ハバロフスク、カザフスタンのジェスカズガンを経て同カラガンダに送られた（二〇一二年帰国するも一四年にカザフに戻る）。

「緊急疎開」で北海道に脱出した三浦正雄は、父や姉に会いたくて一九四六年七月樺太に密航して逮捕される。国境侵犯罪で一年六ヵ月の判決を受け、真岡からウラジオストクを経てケメロヴォ州マリインスクに送られた。刑期は終わったが「三年間はソ連で働くことになっている」としてカザフスタンのアルマ・アタに送られた（二〇〇二年永住帰国）。

むろん、最初に逮捕され、裁判で有罪判決を受けて、大陸に流刑されたのは旧樺太庁幹部だった。鉄道局長の宮田三郎、税務課長の渡辺良穂、樺太地裁判事の永田忠、同次席検事の野中光治、「国民義勇隊」幕僚長の菅原道太郎らである。

宮田は一九四六年九月に逮捕され、翌年六月に「反革命団体への参加」を理由に自由剝奪一〇年の刑を受けた。大泊からウラジオストクへ、クラスノヤルスク地方カンスク収容所に送られ、以降病気がちになり動静も判然としないが、さらにイルクーツク州タイシェットの特別規制収容所に送られ、一九五二年一月に死亡した。

渡辺は一九四六年三月に逮捕され、矯正労働三年の有罪判決を受けて八月にはクラスノヤルスク地方の北限ノリリスクの囚人となったが、三年で刑期満了、釈放された。収容所では、同胞のために露和辞典を作成したという。その後鉄道沿いの揚水ポンプ場の見張り小屋で働かされ、一九五〇年に死亡した（病死説と事故説あり）。

このように南樺太から大陸に流刑された者の総数は「南樺太地区未帰還者の全般資料」（北海道民生部、一九五五年一月一日）によれば、二九一七人にものぼった。

サハリン州の送還への抵抗

サハリン州当局は、ソ連外務省や閣僚会議送還業務全権代表部が国際情勢や日本共産党の要請に配慮して進める送還政策に、労働力確保のために抵抗した。それが、南樺太からの送還が一九四九年半ばまで遅れた理由である。南樺太の民間人二六万人は、一九四七年に毎月三万ずつホルムスク経由で送還して完了することになっていたが、諸経済及び地区機関が決定の執行に抵抗したため実現されなかった。

コラム⑩

映画『ジョバンニの島』

2014年に制作されたアニメ．声の出演が市村正親，仲間由紀恵，北島三郎，犬塚弘，八千草薫，仲代達矢といった豪華キャスト．

DVDの説明にはこうある．「1945年，自然豊かな色丹島．父や祖父と楽しく暮らす，10歳の純平と7歳になる弟の寛太．しかし—敗戦と共に穏やかな日々は終りを告げる．ソ連軍が島を占領し，島の人々の住み家は奪われる．それでも次第に心を開き合う，両国の子供たち．そして純平は，あるロシア人の少女ターニャに淡い恋心を抱く．だが，島の防衛隊長である父はシベリアの収容所に送られ，兄弟は極寒の地樺太へ—．寒さと飢えに苦しみながらも，兄弟は父との再会を想い続ける」．

少しコメントすると，「防衛隊長」は民間のそれで，父は島民のために食糧備蓄をしたことでソ連軍に逮捕された．送られたのは南樺太北部の上敷香の収容所，その父に会いにいくため兄弟は真岡付近から列車に忍び込み，終点の久春内からは叔父のジープに乗って，ついに会えたのである．

宮沢賢治『銀河鉄道の夜』をモチーフにし，鉄道で北上するシーンには幻想的な「銀河鉄道」が出てくる．純平が病死した寛太の死体を背負って引揚船に乗る悲劇的な結末となるが，悲しくも美しい映画である．

一九四七年七月二九日サハリン州執行委員会議長・党委員会書記連名の市・地区執行委員会議長・党委員会書記宛訓令的書簡は、送還しなければいけないが、可能な限り遅らせたいという立場をよく示している。

書簡は、ドリンスク（落合）で送還される日本人に私物の販売を禁止したこと、多くの企業が賃金の清算を遅らせたこと、農民から農具その他の財産を無償で没収されたという訴えがあることを批判している。その一方で、日本人に対する送還手続きや労働契約を結んで残留した場合に与えられる特典の説明が不十分だとも指摘している。

送還される日本人に対する嫌がらせとしては、このほか配給カードやパスポート没収もあると一九四七年一二月三日の報告書は指摘している。この報告書はまた、ウグレゴルスク（恵須取）の建設事業所長が送還を早めてやると言って五〇〇〇ルーブルもの賄賂を受け取ったケース、送還収容所に日本人を連れて来て証書を作成させ、その日本人から三〇〇―五〇〇ルーブルを支払わせたケースを紹介している。

一九四八年四月二四日サハリン州執行委員会議長・党委員会書記連名の南サハリン地区執行委員会議長・党委員会書記宛書簡には、次のようにあった。送還は日本人住民の自由意思に基づいて実施されるが、多くの企業で労働力不足が生ずることに鑑み、労働者、とくに専門家には二―三年働いてもらうよう説得し、その場合は労働・生活面で厚遇することを指示している。また、産業部門別に、漁業労働者は漁期が済んでから、農業労働者は大陸からの農業移民が到着してからというように送還時期を後回しにするよう指示している。

これを裏付けるような函館引揚援護局の聞き取り調査がある。内幌（ないほろ）方面の鉱山では日本人引揚を防止するため「三年間残留契約を結ぶ者に対しては、すべてソ連人並の待遇として一日パン八〇〇グラム、米一ヵ月分前渡し、金六〇〇〇ルーブルの特配を与える」という宣伝がなされたという。

真岡送還収容所の状況

このように南樺太からの送還は、当初よりかなり遅れた。ここで真岡送還収容所の様子も少し見ておこう。

先述の小林篤司は、一九四八年八月に収容所（旧庁立高等女学校）に入った。荷物検査で手帳やノート類、金（かね）やルーブル紙幣を没収され、二万人も詰め込まれて窮屈だったと述べている。女性や子ども以外は、毎日雑役をさせられた。

「食糧は主に黒パンにスープの粗食であったが、量は決して不足ではなかった。時には米の雑炊や汁粉の振舞いもあって、そう不平の言える待遇ではなかった」。伝染病がほとんど発生せず、所内での暴行や盗難沙汰（ざた）もなかった。「二十日間の生活を通じて、気持ちを暗くするような事態が全く起こらなかった点では、収容所長の優れた手腕に深い敬意を払わざるを得なかった」。

所長のラスポーピン大佐に対する感謝の念は、函館引揚援護局報にも見られる。

真岡収容所における医療事情について、旧ソ連資料で補足する。一九四六年一〇月二五日から四七年一二月四日までの期間に、一七万四四〇六人が同収容所経由で帰国した。うち診療所を訪れた帰還者は二万三二三九人、二度訪れた帰還者は一万八四六一人だった。死者は一三六人で、遺体は証書を作成したのち市営墓地に埋葬された。出産は七九件で、母子ともに健康だった。医療スタッフは調理場、食堂、食糧貯蔵庫の業務を毎日点検し、帰還者は三度の食事を供され、日本人の手による和食も出された。

後回しにされた朝鮮人居留民の送還

ところで、南樺太の朝鮮人居留民も帰国を望んでいた。マッカーサー司令部は、南樺太の朝鮮人五九人の帰国を望む家族の手紙があると、早くも一九四六年四月に対日理事会ソ連代表デレヴャンコに伝えている。

一九四七年六月ロシア共和国閣僚会議副議長は、日本人の送還の結果、労働力の確保に「きわめて緊迫した状態」が生じたので、朝鮮人送還は現時点では実施できないという認識を示した。七月一日ソ連軍参謀本部は、朝鮮人送還は一九四八年秋までは実施できないと判断した。

一九四八年三月ソ連閣僚会議送還業務全権代表代理K・ゴルーベフは、南サハリンの朝鮮人を二万三二九八人としたうえで、その送還につき次のように参謀総長に説明している。

日本人を一九四八年中に送還すると、朝鮮人を四八年後半に送還することは不可能になる。国民経済計画履行に影響しないよう朝鮮人送還を年末にしてもらいたい旨、サハリン州執行委員会が訴えてきたと。

ソ連が日本人の帰国を優先したのは、当初の朝鮮人をすべて友好的政権下の北朝鮮に送還する予定（一九四七年四月の文書）を、何らかの事情で変更したこと、朝鮮の南北対立が進行して送還業務、北朝鮮寄港地での出身地別振り分けが困難になったことが理由として挙げられるが、まだ断定はできない。

日本人の帰国は一九四九年七月までに二六万三八七五人を数えたが、朝鮮人と結婚した日本人女性の帰国は遅れて日ソ共同宣言後の一九五七―五九年、朝鮮人の帰国は韓ソ国交後の一九九〇年代にようやく実現することになる。

Ⅲ　北朝鮮居留民と満洲避難者の総難民化

北朝鮮臨時人民委員会の成立

一九四五年九月二一日極東ソ連軍総司令部は、次のような指令をスターリン（ソ連軍最高総司令官）、アントーノフ（同参謀総長）の名前で公布した。

①北朝鮮では、ソヴィエト制度（ロシア一一月革命後に成立した労働者、兵士、農民の代表機関）を導入しない。

②北朝鮮に、反日的民主政党及び団体の広範なブロックに基づくブルジョア民主主義政権を樹立するよう援助する。

③このために赤軍が占領する北朝鮮諸地域で反日的民主政党及び団体の結成を妨げず、その活動を援助する。

④地方住民に以下について説明する。

(a)赤軍は日本征服者を粉砕するために北朝鮮に進駐したのであって、ソヴィエト制度を導入し、領土を取得するためではない。

(b)北朝鮮市民の私的及び社会的財産は、ソ連軍政当局が保護する。

⑤地方住民は平和的な労働を続け、工業・商業・公共事業などの正常な運営を確保し、ソ連軍当局の要求及び指示を履行し、社会秩序維持の点でこれを支援する。

⑥北朝鮮駐屯ソ連軍には、軍紀を厳守し、住民を侮辱せず、正しく振る舞うよう指示する。宗教的儀礼・儀式の実施を妨げず、寺院その他の宗教施設には手を触れない。

⑦北朝鮮における民政の指導は、沿海軍管区軍事会議に委任する。

ソ連指導部は、一九四三年一一月の米英中首脳によるカイロ会談の合意を尊重し、朝鮮を「適当な期間をへて」独立させ、その間は「信託統治」とする方針であった。「信託統治」は一九四五年一二月の米英ソ外相会議で決定され、その具体化については米ソ合同委員会に委ねられた。

ところが、朝鮮内部では、一九四五年九月六日に呂運亨(ヨ・ウニョン)らが「朝鮮人民共和国」建国を宣言。それは米占領軍によって拒絶されたものの、「信託統治反対」には根強いものがあった。共産主義者や左派民族主義者はソ連に従って「信託統治賛成」に回り、建国の戦略をめぐる党派闘争が起こっていた。

ソ連は北朝鮮を占領し、一九四五年九月一九日にソ連に忠実な金日成(キム・イルソン)を元山に上陸させ、翌年二月八日には彼を長とする北朝鮮臨時人民委員会を発足させることになる。北の共産主義者主導の政権と南の左派民族主義者主導の政権による統一を想定し、北の政権の足場固めを当面の課題とした。北では共産主義者の勢力が弱かったために、親日勢力の一掃、土地改革や重要産業の国有化などの政策から着手させたのである。

一九四五年一〇月一一日に第二五軍司令官チスチャコフ、参謀長ワレンチン・ペンコフスキー連名の命令が出され、反日的政党と労働組合の結成、宗教活動の自由、武器のソ連軍司令部への引渡し、社会秩序維持のために保安隊を臨時地方委員会のもとに結成することを規定したが、これらは既成事実の追認であった。

ソ連と北朝鮮の異なる思惑

こうした北朝鮮の体制作りにとって、日本人居留民は退去してもらいたい存在であった。北朝鮮には日本人まで食べさせる余裕はなかったし、民族対立の火種を抱えたくなかったからである。一九四六年六月、金日成は日本から密航して面会した在外父兄救出学生同盟の金勝登にその旨を明言した。

しかし、金日成や中央の臨時人民委員会がそう考えても、地方の臨時人民委員会、それを支える保安隊は別であった。いわば植民地支配の代価を支払ってもらおうと、拘束して労働に使役しようとしたからである。金日成ら中央指導部もまた実際のところ、接収した日本企業を運営するためには日本人技術者の協力が必要だと判断していた。

ソ連は、自国軍が捕獲した将兵は別として、民間人を拘束する理由がなかった。一九四五年八月二五日に三八度線を封鎖したのは、将兵を捕虜として可能な限り数多く確保するためであり、兵士が民間人になりすまして南下逃亡するのを阻止するためであった。

一一月三〇日時点で外務人民委員代理ソロモン・ロゾフスキーが作成した業務メモには、こう記されていた。北朝鮮駐屯ソ連軍司令部は日本民間人の脱出を「非常に望ましい」と見ており、自分は人民委員宛一〇月二三日付報告で（三八度線以北の）元山、鎮南浦から送還することに反対しないと米国に回答するよう提案したと。

こうして、日本人居留民と、満洲からの女性及び子どもが多数を占める難民、双方の北朝鮮からの脱出は、ソ連と北朝鮮の思惑の違い、北朝鮮中央・地方の日本人処遇をめぐる相違、米ソが日本民間人送還では一致しても時期や条件で対立することに左右されたのである。

また、居留地が鉄道沿線ないしは港湾付近か否か、三八度線までの距離などにより、さらに各都市で敗戦後発足した日本人居留民団体（世話会、居留民会など）の力量いかんで、南下脱出の事情に違いが生じた。

咸興の居留民会と難民の南下

ここでは咸興、興南、平壌の三都市に焦点を当てて居留民、難民の南下脱出過程を見てみたい（一九四四年の日本人居留民は各一万二〇四二、二万九二一四、三万一八〇四人）。咸興は咸鏡北道からの難民が殺到していた。興南は咸興の東南方近くに位置する港町で、脱出の海上ルート起点であり、反面日本の大企業を抱えていた町でもある。技術者らは残留し、北朝鮮に協力もしていた。平壌は満洲から平安北道経由で逃れてきた難民が集結した都市である。

咸興は居留民を上回る咸鏡北道からの難民が殺到し、咸興日本人世話会は咸鏡北道避難民会と協力し、住居、食糧の確保に努めたが、難民が持ち込んだ発疹チフスの対策に追われた。一九四五年一二月初めにソ連軍と北朝鮮地方機関は七八〇〇人を疎開させた。うち西南の富坪に移動した三二八二人の半数近くが、栄養失調などにより死亡した。

年が明けて一月半ば、六〇〇人の死者が出たとの情報を受けて派遣された咸鏡南道臨時人民委員会調査団の一員、検察部の李相北（リ・サンブク）の報告・意見書によれば、次のような惨状だった。

「現在残存総人員二四〇一名中、活動可能の男女総数は五〇〇名にすぎず、その残り一九〇〇名は、老幼ならびに不健康者・重症者にして、栄養失調その極に達し、一人の例外もなく手足は蒼白（そうはく）となり、皮骨相接し、身を起こすこともあたわず。半ば死せる人体が叺（かます）の下に埋没するという実情なり」。

李は、こうした惨状は北朝鮮側にも責任があるとして、咸興で日本人の家屋と家財を不法に接収し、軍人・軍属以外の一般居留民を不法検挙し、難民に市外退去を強要したことを挙げていた。「われわれは三六年間の日帝〔日本帝国主義〕の非人間的支配に反発し、逆倒的形態なる日本人全般に対する民族的虐待といううごく無意識的のうちに、ファッショ的誤謬をおかしたることを自白せざるを得ない」と率直に指摘している。

李が日本人に同情的だったのは、「人間としては正視できぬ悲惨な有様」と記したようにヒューマニズムに基づいていた。同時に、咸興日本人世話会を改組した咸興日本人委員会を、戦前からの共産主義者で北朝鮮各方面ともパイプを持つ磯谷季次と松村義士男が指導し、これと連携していたからである。咸興日本人委員会は、一九四五年一一月に着任したスクーバー衛戍司令官の支援を受け、ソ連軍と協力してチフス対策に当たった。難民に食糧を配給し、居留民の労務に対する賃金支払いを道人民委員会に認めさせ、市の土木工事に日本人技術者を協力させた。

磯谷と松村は、その一方居留民と難民の南下脱出策を練り、スクーバー司令官に窮状を打開するには分散させるしかないと説得し、一九四六年四月に各地への疎開命令を出させた。これに乗じて咸興居留民、難民の南下脱出が始まり、3—2に見られるように三月から五月にかけて一挙に進んだ。居留民も着の身着のままで難民化し、保安隊や追いはぎに苦しめられながら三八度線をめざして南下した。朝鮮人の善意に助けられて食いつないだ例も少なくない。

3-2 咸興における日本人の移動

年　月	月末人口	居留民	難　民	死　亡
1945.8	34,625	11,876	22,749	328
9	39,131	11,722	27,409	777
10	34,988	11,711	23,277	1,109
11	33,853	11,642	22,211	1,170
12	31,783	11,503	20,280	1,635
1946.1	30,392	10,602	19,790	1,381
2	29,687	10,401	19,286	681
3	27,825	10,366	17,459	478
4	19,541	6,471	13,076	156
5	2,062	544	1,518	39
6	2,102	504	1,613	10

出典：森田芳夫『朝鮮終戦の記録』

ソ連の了解を得た興南居留民の南下

他方、興南では日本窒素肥料工場が一九四五年八月二六日に接収され、日本人の出入りが禁止されたが、朝鮮人だけでは運営できないことが徐々に明らかになっていた。一一月の平壌における生産会議で日本人技術者の作成した計画が認められ、技術者のみならず労働者も復帰し、一九四六年四月には二四九六人に達した。

彼らは社宅に住め、十分な食糧配給を受けるなど厚遇された。その一方、咸鏡北道からの難民は住居に暖房がなく、米穀の配給も途絶えて栄養失調で死んでいった。一九四六年一月以降は、難民だけでなく居留民の死亡も増え、とくに一一―一月に発疹チフスが猛威を振るったために死者は三〇〇〇人に達した。

一月に発足した興南日本人居留民会は、ソ連軍警備司令官に働きかけて居留民の仕事確保に努めた。ソ連軍によって満洲から撤去され、興南に運ばれた一部工業設備の港での荷役な

3-3　興南における日本人の移動

年　月	月末人口	難　民	死　亡	自由移動	計画移動
1945.8.15	24,714				
8	31,914	7,275			
9	34,000	2,248	162		
10	34,046	300	254		
11	35,185	1,533	394		
12	34,375		553	257	
1946.1	33,585		555	235	
2	32,723		365	497	
3	30,187		303	2,233	
4	20,784		255	5,579	3,569
5	5,220		143	2,726	10,526
6	2,339	157	30	572	2,460

註記：計画移動はソ連・北朝鮮当局の許可(黙認)を得て居留民会が実施したもの. 1945.8.15の「月末人口」はその日時点の数値
出典：森田芳夫『朝鮮終戦の記録』

どの仕事である。居留民会はまた、生活資金の貸与も行うなど活発に活動した。

興南居留民会は咸興日本人委員会に倣って、植民地支配を反省し、北朝鮮に協力する旨の綱領を採択した。磯谷と松村は戦前、興南の日本窒素肥料工場で働いていたため、彼らが実際に興南に出向き、技術協力や労働条件などにつき働きかけたのである。そこで興南居留民会は、ソ連軍や朝鮮側との交渉を比較的スムースに進めることができた。

興南の居留民は、春になると船（闇船）による脱出を始め、北朝鮮側の警戒が厳重になるや、四月下旬にはソ連軍の了解のもと、咸興の日本人委員会に歩調を合わせて列車による南下を開始した。五月上旬の第二回、下旬の第三回で合計一万四〇〇〇人が列車で南下し、三八度線近くの駅で下車、徒歩で越境した。

海路、陸路徒歩による者も加えると、三―五月に二万六〇〇〇人、つまり興南日本人の大部分が脱出に成功した(3―3)。それは、六月上旬にソ連軍司令官が米軍との協議に基づき、コレラ伝染防止のために南下越境を禁止する直前のことである。

平壌から苦難の南下脱出、ソ連の容認

平壌は、北朝鮮駐留ソ連軍司令部及び民政局、北朝鮮臨時人民委員会のお膝元だった。牡丹江から吉林、敦化を経て平壌に入った日本人一軍属の観察(一九四五年九月上旬)は、以下のことを指摘している。

在留邦人の生活はしだいに困窮しつつあること、ソ連軍将兵による婦女子提供要求や住宅侵入が続き、婦女子の恐怖は去っていないこと、食糧は一日握り飯三個で、乳児の死亡率が高いこと、平壌からの脱出・南下は疲労と朝鮮人(保安隊)への恐れから容易ではないこと、三八度線の封鎖は厳重だが、突破は困難ではないことなどである。

平壌では、ソ連軍及び北朝鮮当局によって一般住居もかなり接収され、保安隊による不法な追い立てもあり、そこへ満洲からの日本人難民が殺到していた。居留民、難民の多くは一般住居以外の官舎、学校、寺院、遊郭に押し込められた。一〇月下旬から冬になり、マイナス一〇―二〇度の寒さのなかで、居留民が蓄えていた食糧も尽きてきた。栄養失調が広がり、

コラム⑪

平壌郊外龍山墓地と墓参

北朝鮮には，厚労省の調べでは日本人墓地が71ヵ所あり，３万3380人が埋葬されている．うち平安南道は８ヵ所，9600人で，平壌郊外の龍山には約2700人が埋葬されているという．2013年８―９月の10日間「北遺族連絡会」の依頼で，同事務局と水野直樹（京大教授）らが北朝鮮を訪問して，日本人墓地・埋葬地の調査を行った．

これとは別に2012年，15年に「平壌・龍山会」（佐藤知也会長）が龍山墓地を訪れている．佐藤は，1946年４月時点での墓の図面と死者名簿を持っている．ところが，墓地は市の再開発で1950年，70年に２度改葬，移設されており，もはや図面は役立たなくなっていた．現在は元の墓地から北西に数キロ離れた所にあり，約500の盛り土があるだけで，誰の墓と特定することもできない．

2012年に初めて実現した墓参には16人が参加した．滝澤眞紗子さん（当時82歳）は，奉天から家族で逃れてきたが，平壌で足止めされ，収容所で母と妹が亡くなった．弟と遺体を大八車に載せて，龍山墓地に埋葬したという．2015年の墓参は参加者が６人に減った．北朝鮮との間には国交がないだけに，墓地整備と慰霊墓参が急がれる．

不衛生とも相まって発疹チフスなどの伝染病が蔓延し始めた。

死者は、火葬場が一ヵ所しかないため市内の龍山にある朝鮮人墓地に土葬された。遺体は裸に筵(むしろ)巻きで、棺桶とはとても言えない箱に入れて運ばれ、冬場は地面が凍結しているため浅い穴に葬られた。一九四六年三月には全山が白木の墓標で埋まったといい、四月までに死者は二四二一人に達した。

平壌日本人会は居留民、難民の脱出・南下のためにソ連軍、北朝鮮当局と交渉し、一部の居留民、難民は脱出に成功した。ところが、先述のように、六月上旬にソ連軍司令官は南下越境を禁止し、一五日に平壌日本人会に次のように通告した。
①日本人の労働の自由を認める、②三八度線以北の旅行の自由を認める、③旅行中の日本人の所持品略奪を禁ずる、④三八度線を越える者は、厳重に処罰する、⑤日本人技術者を優遇する。
むろん、①はソ連軍と北朝鮮諸機関の雑役にしか使われない現状を無視した空論である。②は各道外への移動禁止を伴ったが、それが徹底されなければ三八度線に近い場所まで移動することも可能であり、③はソ連軍、朝鮮人保安隊による略奪も公的には禁じられるという含みを持った通告である。

実際七月以降、平壌日本人会はソ連軍、とくに民政局政治顧問のバラサーノフらに陳情して、脱出は「少数ずつなら可」という回答を得ている。新たに結成された西北鮮地区日本人移動委員会は、ルートの開拓を含む緻密(ちみつ)な脱出計画を練り上げた。

こうして平壌から南下する者は一日二〇〇〇―三〇〇〇人となり、九月中旬までに在平壌満洲難民も含めてほとんどが脱出する(3―4)。新京から郭山に逃れてきた一〇九四人の「疎開隊」は、一九四六年二月に(この時点までに一五〇人死亡)一部が北上して新京に戻ったが、六月に残る隊員が南下して、苦難の末三八度線を越えている。南下組の乳児三六人のうち生き残ったのはわずか一人だった。

ソ連がこうした大量の日本人の北朝鮮からの南下脱出を容認していたことは、内部文書からもうかがえる。一九四六年四月九日の外務次官ロゾフスキー宛文書は、「北朝鮮の諸港にいる」日本民間人二三万人を送還するには船舶九二万トンが必要である。排水量六〇〇〇トンの船舶が五〇隻あれば、一往復一〇日間、一ヵ月三往復で送還できると記している。

実際には、これだけの船舶を日本もソ連も用意できず、交渉が長引くうちに南への脱出者が急増した。九月二八日のキリル・メ

3-4 平壌の日本人(1946年1月)

	総数	居留民	難民	
			満洲から	北朝鮮内
	40,747	24,670	12,284	3,793
1-6歳男	4,051	2,100	1,554	397
1-6歳女	3,816	2,084	1,395	337
17-45歳男	5,582	3,828	967	787
17-45歳女	12,987	6,682	5,351	954
死者	1,070	190		

出典:森田芳夫『朝鮮終戦の記録』

レツコフ（沿海軍管区司令官）のメモには、北朝鮮にいる難民及び居留民はわずかに五万二四五〇人（捕虜は二万七二八七人）と記されている。四月の約二三万人から四分の一近くに減っていたのである。

興南・元山送還収容所の実態

一九四六年一二月一九日に、米ソの日本人捕虜及び抑留者送還（及び在日朝鮮人送還）協定が調印される。送り出し港である興南、元山の収容所の実情を見ておこう。

興南送還収容所は旧日本窒素肥料の社員合宿所であった。八棟で五〇〇〇人前後収容でき、暖房は整っていたが、毛布は不足していた。食事は日に三食、朝は高粱の雑炊と漬物、昼は粟の雑炊と漬物、夕は白米の握り飯と漬物及び塩鯖（しおさば）で、量的には十分だが、新鮮野菜を欠き、毎日メニューが同じだった。入浴は三日に一回、虱駆除のための衣服の煮沸消毒や居室の薬物消毒も行われた。

政治教育はナホトカ送還収容所と同じく、『日本新聞』朗読や講義、講演会の形式で実施され、テーマは占領下日本の批判的紹介と民主化の必要、ソ連及び社会主義礼賛であった。演芸会もしばしば開催され、「もっぱら娯楽本位のもの」だったが、開演に先立って労働歌を唱和する点が特徴だった。物資不足のために不満足なこと、外界との接触が禁じられて窮屈だったことを除けば「おおむね可良」というのが、体験した元総督府官吏の感想である。

しかし、一九四八年一月末のソ連側報告によれば、様子は違っている。収容所はすし詰め状態で、とくにセルゲーエフ分所（ソ連側の呼称で位置などは不明）のバラックはよく整備されておらず、暖房もなく、秩序・清潔・文化を欠いた状態だった。食物貯蔵庫が不潔で、日に二回しか給食が供されず、朝夕食にお湯や茶が出されなかった。労働災害による怪我人が多いのに、日本人の医者が一人しかいなかった。ちなみに、興南収容所における一九四九年一月までの死者は八七四人だった。

元山送還収容所は、興南のような旧日本企業施設ではなく、設備、給養とも貧弱だった。ソ連側文書によると二二のバラックがあったが、「どのバラックにもドア、窓が一つもない。一部の建物には壁や天井さえなかった」。平壌、咸興、新義州から到着した日本人に対する給食が不十分で、なかには乗船まで移送してきた貨車に留められていた者も少なくなかった。この文書に見られる日本人四五三四人は、民間人だけではなく、協定で送還を認められた捕虜との双方からなっている。ちなみに、元山収容所における右と同じ期間の死者は三五人だった。

この両港からの一九四六年一二月—四八年七月の引揚は三万一九二一人、内訳は軍人二万二一八五人、民間人八〇一三人などであった。民間人の大多数は、この「正規引揚」とは別に難民として陸路、海路経由で三八度線を越え、南朝鮮経由で帰国したのである。その数は、敗戦直後からの累計が約二七万人と推定される。

北朝鮮に「逆送」された病人たち

シベリア、極東部（ハバロフスク、沿海地方など）の酷寒に耐えられない病弱者の北朝鮮への「逆送」とその後は、抑留体験者の回想記に少なからず見られる。しかし、公文書が利用できず、裏付けにくい。

「逆送」は朝鮮民主主義人民共和国建国以前の出来事であり、北朝鮮人民委員会がどれだけ実情を把握していたかも疑わしいうえに、朝鮮戦争で公文書が焼失してしまった。建国以前に北朝鮮の実権を持ち、日本軍捕虜を管理していたソ連第二五軍の文書はロシア連邦国防省中央公文書館にあって、依然としてアクセス不可能である。

あらかじめ確認しておきたいのは、「逆送」そのものは一九四六年六月から九月にかけて、つまり病弱者にとって好都合な季節に実施されたが、交換される捕虜の余剰を抑留していた北朝鮮が移送先だった点である。これが結果的に大きな悲劇を招く。北朝鮮の食糧事情は全般的に悪く、政権は日本人居留民を使役することに関心があり、またソ連は「逆送」集結地でもある古茂山、三合里などの捕虜収容所の管理に十分に取り組んでいなかった。

回想記のなかで「逆送」とその後の収容生活を最も詳細に描いた作品に、穂刈甲子男『シベリア抑留記』がある。彼は、タイシェット収容所本部東方約五〇キロのネヴェリスカヤ分所にいた。一九四六年六月一〇日に健康診断があり、「内地帰還」の噂が流れ、一五日には、六〇トン貨車六〇両が一二〇〇人を乗せてネヴェリスカヤを出発した。ハバロフスク駅を通過して半日経った頃、北上する貨車の日本兵と遭遇する。やりとりで「北朝鮮から」とわかって同情したが、さすがに彼らが自分たちと交換で送られる点には思いが及ばなかった。出発から一二日目にポシエトに到着、清津を経て古茂山収容所に落ち着いたが、そこにはシベリア、極東部から「逆送」された病人が一万五〇〇〇人もいたという。

古茂山の収容所は、旧小野田セメント社宅だったが、不足してくると掘立小屋を建てた。食事は馬の飼料であるポーミー（トウモロコシの丸粒）、それも古びたものが毎日続いた。下痢、さらに赤痢が広がり、毎日四〇―五〇人が死んでいった。病死の原因は栄養失調、赤痢、壊血病・肺浸潤などである。一万五〇〇〇人全員が病人、まさに「この世の生き地獄」である。元気な者が死体運搬、墓穴掘りやセメント工場の仕事、薪採りをやった。夏になって生水を飲むと、朝鮮赤痢に罹った。

穂苅は八月七日、列車で興南に移動、さらに九月一〇日に咸興に移動した。いずれも収容所の施設、給食が古茂山収容所よりはるかによかった。一ヵ月もしないうちに健康と体力が回復する。食事は炊事担当者の努力で美味しいものが食べられ、作業も楽しく感ずるようになった。それだけに「いつダモイか」が重くのしかかった。しかし、一一月三〇日に「ダモイ」が伝えられ、興南へトラックで移動した。一九四六年一二月一六日、日本人三〇〇〇人を乗せた大瑞丸が興南港を出航した。

「逆送」者が集中した古茂山収容所の惨状は、他の体験者の回想にも見られる。

ムーリーからポシエト、清津経由で八月初めに、つまり穂苅よりやや遅く到着した藤原等はこう記している。ポーミー食と下痢は同じ、病人、怪我人ばかりで、「傷口から蛆虫が這いだし、それに蠅が群がり、卵を産みつける、目、鼻、耳、口、顔中が蛆虫だらけ、どこの誰やら判らない人が翌日には息絶えている」状態だった。彼の住居は防空壕だった。ここで三ヵ月過ごし、興南で少しましな暮らしをしたのち、一二月一五日永禄丸で帰国した。

「逆送」組を迎えたときの衝撃

平壌郊外の三合里にも「逆送」者が回されてきた。『三合里収容所小史』には、一九四六年七月一三日「逆送」組一五〇〇人を迎えたときの衝撃が描かれている。看護婦によれば「ボロボロの軍衣、帽子、伸び放題の髪と髭、体は垢だらけ、巻いた筵を背に負い、腰に雑囊、錆びた空き缶が吊るされている。破れた軍靴は縄で縛り付けてある。ノロノロと、ゾロゾロと」。

「逆送」組が増えると（古茂山から合計七五〇〇人）、八月に付近の秋乙収容所にも病院が開設された。九月にコレラが発生して蔓延し始めた。これにはソ連側も防疫体制をとったが、医薬品が欠乏していたので、隔離して終息を待つほかなかった。患者は六〇〇人、うち死者が二〇〇人と推定された。コレラの外部からの感染経緯はわからなかったが、体力が極度に低下している栄養失調患者が罹ったのも不思議ではない。

一一月中旬ダモイが発表され、三合里と秋乙の患者、病院スタッフは興南に移動し、第一陣は一二月三一日、第二陣は四七年三月一九日に、一部の重症患者を残して帰国した。この間（一九四六年七月中旬から一二月中旬まで）の三合里における死者は一二四三人、秋乙も合わせると一三五三人だったという。

この送還は言うまでもなく、一二月一九日に米ソの送還協定が締結されたことと連動している。すでに述べたように、朝鮮問題に関する米ソ合同委員会では日本人送還が議論されていた。ソ連側は民間人の送還は実施したいと早くから表明していたものの（一九四五年一一月）、四六年七月の段階では捕虜の送還には、いずれの地域からであれ、反対していた。その方針を変えたのは国際世論を考慮したためだが、北朝鮮の事情に即して言えば、病人ばかりの捕虜を抱えていても無意味だと判断したのであろう。

「逆送」された捕虜に労働使役がなかったわけではない。バイカル湖以西の名称も教えられなかった収容所にいた山下幸夫は、一九四六年六月初旬に身体検査で「ダモイ」組に入り、八〇〇人の梯団で収容所を出発、イルクーツクを経由し、ポシエト、清津、古茂山を経て七月三一日三合里収容所に入った。

八月中旬に貨物廠で働き、一〇月上旬には伐採に出ている。「されど我等は栄養失調を理由に一日に数本を倒すのみ、そはシベリアに抑留されし時とは異なり、此処朝鮮にては捕虜の気分もゆったりとしこのカマンジール〔作業監督〕の奮励の様は少々滑稽にさえ覚ゆなり」。古茂山以外の収容所では、状況は少しずつ改善されていたのであろう。

沿海地方の収容所から「逆送」された上尾龍介も、作業が楽だったと回想している。「三合里収容所ではシベリアのようにノルマのための労働が一切なかったので、毎日毎日がゆったりとして楽であった。たまに使役が廻ってはくるが、それは兵隊の自活のための薪採りや草刈りなどの軽い仕事であって、ノルマが課せられているような重い仕事では全くなかった」。

同時に「このまま事もなく健康が回復し、日本への帰国も叶うのであるならば、それこそ極楽行の切符を手に入れた者たちの待合所のようなものだったが、シベリア帰りの兵たちは、多くの者が再びシベリアに送り返されるのではないかという不安を心の底に抱いていた」。

北朝鮮から中央アジア、コーカサスへ

その一方で、ソ連は北朝鮮からの健康な捕虜の移送は決定通り実施した。その移送先は3—5にあるように、遠方ではあるが、比較的温暖な中央アジア、ウクライナが多く、遠くコーカサスにまで及んでいる。

収容所不明の金子謙治郎の回想には、一九四六年七月一五日カザフスタンのウスチ・カメノゴルスクに到着したとある。おそらく古茂山で編成され、六月一七日にポシエトを通過した一〇〇〇人の梯団であろう。古茂山収容所の熊谷不二夫は、冬の飢えと寒さで「やっと露命をつなぎ、半数近い戦友を失った」のち、六月に興南港からポシエト港へ、そしてクラスキノから貨車に乗せられた。八月一八日にウクライナのアルチョモフスクに到着した。

三合里収容所の渡部(河野)孝は、平壌から貨車で移動し、一九四六年六月二七日に興南に着いた。かつて米軍捕虜を収容していたという「平屋の不潔で粗末な施設」に入れられた。「この収容所で聞く帰国についての情報は、今までのものとは違う悲観的なものばかりだった」。七月一八日所属部隊五〇〇〇人は、行き先を告げられないまま、老朽貨物船サラトフ号に乗せられた。

七月二五日にポシエトに着き、八月五日に貨車に乗せられて出発したが、行く先は相変わ

3-5　北朝鮮から中央アジア・コーカサスへの捕虜移送，1946年

編成地	人数	ポシエト通過日	到着日	移送先の収容所
三合里	1,000	6.07	7.15	タシケント（ウズベク）
	1,000	6.08		アルマ・アタ（カザフ）
	1,000	〃	7.04	タガンログ（ウクライナ）
	1,000	6.11	7.13	アングレン（ウズベク）
	500	6.16	8.04	モスクワ
	126	〃	8.21	アルチョモフスク（ウクライナ）
興南	999	6.07	7.12	アンヂジャン（ウズベク）
	1,200	6.17	8.11	ベガワト（ウズベク）
	300			ウラジオストク
	200	6.19	7.07	ウォロシロフ（沿海地方）
	450		8.07	モスクワ
	1,000	6.19	8.01	スラヴャンスク（ウクライナ）
	1,471	6.26	8.07	ベガワト
古茂山	1,000	6.17		ウスチ・カメノゴルスク（カザフ）
	900	6.26	8.18	スラヴャンスク
秋乙	1,500	7.27		アルマ・アタ
	1,497	7.05		ベガワト（入所せず）
	1,000	7.21	8.22	クズィル・オルダ（カザフ）
	990	7.23	9.01	クタイシ（グルジア）
	500	7.25	9.15	アルチョモフスク，ハリコフ（ウクライナ）
	700	7月末	8.31	チフリス（グルジア）
合計	19,076			

註記：合計の人数はその他の編成地も含む
出典：防衛研究所史料室　満洲-終戦時の日ソ戦 971

らず教えてもらえなかった。六〇トン貨車に六〇人、一八トン貨車に二五人、窮屈で、貨車の外側には有刺鉄線が張りめぐらされていた。食事は梅干しばかりだった。八月三一日グルジアのクタイシに到着した（3―5では九月一日到着となっているが、これであろう）。

二〇〇五年一〇月二二日に放映されたNHKのETV特集「北朝鮮に送られたシベリア抑留者たち」には、極東部・シベ

リアから「逆送」された五人と北朝鮮から送り出された一人へのインタヴューがあった。この番組にはロシア国立軍事公文書館や専門研究者のヴィクトル・カルポフも登場し、「逆送」が二万七七四三人（船中で一七人が死亡し、実際は二万七七二六人）だったこと、一九四六年九月時点で北朝鮮には日本人捕虜が三万一五八四人いたことなどを述べている。

翌二〇〇六年八月二七日の『共同通信』配信によれば、「逆送」が二万七六七一人、一九四六年一一月から四七年四月にかけて二万二四〇三人を日本に送還したので、五二六八人が死亡または残留ということになる。

技術者の一部残留、復興協力

北朝鮮の新政権が、日本人のうち技術者だけは残留させて経済復興・建設に協力させる方針だったこと、日本窒素肥料工場のあった興南では実際に技術者、労働者が残留して協力したことはすでに述べた。

森田芳夫『朝鮮終戦の記録』によれば、いち早く日本人技術者の協力を主張したのはソ連軍民政局政治顧問バラサーノフである。これに応じたのが、共産主義者の磯谷、松村が指導していた咸興日本人委員会で、技術者八七五人を登録して「専門技術部会」を設置した。その規約には、目的として「日本人の有する専門技能と技術を通じて、新朝鮮建設に積極寄与協力す」と記されていた。

正式引揚が発表される直前の一九四六年一〇月一二日、「北朝鮮工業技術総連盟日本人部」（以下、日本人部）が発足した。部長に常塚秀次、次長に佐藤信重が就き、平壌日本人会の資産を継承し、各地に設けられた支部も当該日本人会を引き継いだ。

しかし、引揚が発表されると技術者たちも帰国を希望した。興南では残留希望はわずか六人であり、全員を引き留めようとする北朝鮮側に対し、常塚らは残留条件、残留期間などをめぐってソ連軍・北朝鮮側と交渉した。常塚自身、引揚を希望する技術者と引き留めようとする北朝鮮側との衝突を懸念し、責任者として元山送還収容所に出向いた。

その様子はソ連側文書にも残されている。技術者たちは当初いかなる話し合いにも応じなかった。現場では説明が何一つなされず、残留を提案する条件も説明されなかったからである。北朝鮮側は、残留条件を示したうえで技術者たちに希望条件を出させた。

このときの仮協約を基礎に、一九四六年二月に常塚と人民委員会労働局長との間で契約が結ばれた。①契約期間は二年以内、延長は両者の了解のもとに行う、②給料は朝鮮人技術者の五割増とし、厚生物資は優先配給するよう斡旋する、③帰還の際は退職金・旅費を支給し、安全確実な方法により帰還させるという内容であった。

こうした契約による優遇条件（少なくとも同一条件）に基づく残留は、中国では「留用」

と呼ばれたが、佐藤信重の次男知也によれば、北朝鮮ではこの言葉を用いなかったそうである。ちなみに、金日成の月給が四〇〇〇円に対し、常塚秀次は六〇〇〇円だったというから、優遇のほどがわかる。

こうして日本人技術者九〇〇人が家族二〇〇〇人とともに残留して協力することになったが、そこでは植民地支配に対するお詫びの気持ちも働いたと思われる。日本人部は、技術研修、出版、子女のための学校経営、厚生物資の配布・斡旋、日本への送金、難民救済、引揚業務など、技術者と家族にかかわる業務ばかりではなく、それ以外の残留日本人に対する大使館代わりの世話役活動も引き受けた。

幹部逮捕と技術者九〇〇人の帰国

しかし、一九四六年一二月、突然経理問題で「日本人部」常塚部長、佐藤次長が逮捕される。北朝鮮の検察局に取調べを受けただけではなく、ソ連軍防諜機関の取調べも受けた。嫌疑は、日本人技術者を許可なしで三八度線から脱出させた件である。ほかに紙幣調達を依頼した一朝鮮人の南朝鮮への逃亡、日本人部通訳の中村百合子が三八度線を往復したことなど、三件が米軍防諜機関の指示によるものとされた。

日本人部幹部数人が「反ソ・スパイ活動」で有罪とされ、まもなくシベリア送りとなった。

常塚はハバロフスク、ついでモスクワのブティルカ監獄で取調べを受け、技術者をソ連軍と北朝鮮の命令に反して帰国させた罪状で自由剝奪二五年の刑を受けた。佐藤は沿海地方ウォロシーロフで自由剝奪二五年の判決を受け、二人とも帰国は一九五六年となった。

日本人部は、最終的には一九四七年二月に解散させられた。「思想的・技術的指導性がない」「幹部が私腹を肥やした」など四項目の理由は難癖にすぎず、解散通告のために集合させられた技術者たち七〇人をとうてい納得させるものではなかった。北朝鮮企業・工場の稼働と技術革新、技術者養成に貢献し、朝鮮人管理者に感謝され、北朝鮮人民委員会に表彰されもしていたからである。

約九〇〇人の技術者たちは六月に平壌を去り、送還収容所のある元山に行き、そこで半月ほど過ごしてから乗船、七月二日に舞鶴港に帰還した。元山では、いったん釈放された佐藤ら一〇人が再逮捕されたが、佐藤が家族の荷物のなかに龍山墓地の死者名簿と墓の図面を隠せたことが、半世紀後の墓参の手がかりになる「不幸中の幸い」であった。

カムチャツカへの漁業出稼ぎも

もう一つの「留用」が、カムチャツカへの漁業出稼ぎであった。

一九四六年三月二〇日に、スクーバー咸興衛戍司令官は咸興日本人委員会委員長及び興南日本人居留民会長に、樺太行きの漁業労務者を募集する、その後日本に帰国させるので応募せよと伝えた。ところが、四月一九日に行き先がカムチャツカ、日本にではなく出発地に帰すという大きな変更があった。

希望者は減ったが、条件に支度金三〇〇〇円と米一俵の支給とあり、自分の家族を帰国させられるという動機からの応募が多く、漁撈の経験者はわずかだった。身体検査の結果、咸興三五七人、興南約一〇〇〇人が選抜された。五月末、興南六〇〇人、咸興三五四人を乗せた船が相次いで出航した。興南組には朝鮮人約二四〇〇人も加わっていた。

『朝鮮終戦の記録』には、カムチャツカにおける労働と生活の概要が記されている。興南組は西海岸のキクチク、咸興組はさらに八〇キロ北方のキーロフの（旧日魯漁業の）漁場や工場で、鮭鱒（さけます）の缶詰、鱈鰊（たらにしん）の冷凍・塩漬などを行った。労働時間は原則的に八時間だが、五―一〇月は一二時間労働もあった。賃金は普通の労務一日一〇ルーブル、漁夫一三ルーブルだった。給食はパンが一日八〇〇グラム、雑穀が月二キロ、砂糖が月七五〇グラムなどであった。そこに紹介された女性の体験を読むと、まずまずの出稼ぎの場だと思えてくる。

ところが、北朝鮮帰還者団体の機関誌『望郷』の連載手記を読むと、逆である。鮭の漁期までの雑役で、濃霧のなかで薪拾いをさせられたこと、塩鮭を土中に埋める、岩塩を運搬する、陸揚げするといった単調でつらい作業をさせられたこと、給食がまずく、始終空腹だったこと、鮭の漁期に入って網揚げの仕事になったが、これも単調だったこと、虱に悩まされたこと、漁期が終わって雑役に戻ったところで大型トラックに轢（ひ）かれた者がいたこと、一二月初めに引揚となったが、帰路が長く、船内では虱が繁殖し、熱病が蔓延して死者が続出したことなどである。

カムチャツカに出かけた日本人は、契約一年の集団は一九四七年一月に興南に戻り、三月に日本に引き揚げた。契約二年の集団は一九四七年末―四八年初に興南に戻り、七月に引き揚げた。契約三年の集団は一九四八年一一月、一二月に興南に戻り、元山に移ってから四九年三月に他の残留日本人とともに引き揚げた。このとき、工場側の強制残留策で帰れなかった者もいるという。契約四年の集団は一九四九年一〇月に清津に戻り、平壌経由陸路で南下、帰国した。

*

南樺太と北朝鮮は、かつては日本の租借地だった旅順・大連とともに当時「ソ連管理地域」と呼ばれた。ソ連軍が占領、管理に当たった地域としては共通だった。しかし、南樺太はヤルタ協定に基づいて一九四六年二月にソ連に編入されるのに対し、北朝鮮は形成途上の国家と見なされ、旅順・大連はヤルタ密約でソ連に特殊な地位が与えられたものの、中国の一部であった。

これに応じてソ連は、南樺太では日本人居留民を残留させて「島ぐるみ留用」したのに対し、北朝鮮では日本人居留民、難民を退去させる方針をとり、旅順・大連でも国共内戦の事情に大きく左右されたとはいえ、基本的には同じ方針だった。南樺太では戦後復興の労働力需要から、北朝鮮では米ソ冷戦と南北分断の進行により、日本人の送還は、一九四六年一二月の米ソ協定にもかかわらず、四九年まで長引くことになった。

この主として民間人の抑留体験は、たしかに、ソ連本土におけるような厳重監視下の強制労働、収容所内の「同胞相食む」経験を伴わなかった。しかし、南樺太のような「島ぐるみ留用」、北朝鮮のような「居留民の難民化」（不断の移動）であっても、自由を拘束された抑留だった点に変わりはない。

終章　歴史としての「シベリア抑留」の全体像へ

「シベリア抑留」研究の拡大・発展

本書は、従来の「シベリア抑留」概念を、歴史的にはソ連による自国民の強制労働から繙(ひもと)くことで深め、地理的には南樺太や北朝鮮など「ソ連管理地域」に、検討対象も軍人・軍属の捕虜中心から民間人抑留者に広げることによって、抑留研究を前進させようとしたものである。

序章では、ソ連による捕虜の労働使役があらゆる面で囚人の強制労働の延長上にあること、管轄の内務人民委員部が引き続き被収容者を非人道的に処遇したことを示した。他方、地理的拡大の点では旅順・大連地域は資料不足から断念したが、南樺太・北朝鮮抑留については『樺太終戦史』『朝鮮終戦の記録』などの文書や回想記を中心に公文書を補助的に用いて、とりあえず各々の全体像を示すことはできたと思う（第3章）。

資料が最も充実しているソ連・モンゴル抑留に関する第2章では、第1章で示した先行するドイツ人捕虜らの抑留を踏まえて、収容所における労働と生活の実態解明を従来に比して進め、公文書と個々の回想記のギャップを埋める長年の課題が少しずつ実現されているように思われる。よく語られる「三重苦」(飢え、酷寒、重労働)は、たとえばハバロフスク地方ではどんなものだったのか、最初の冬の苦難を耐え、環境に工夫や手抜きも含めて適応していく様相を、収容所当局側の文書と体験者の回想との突き合わせで、かなりの程度まで浮き彫りにすることができた。

捕虜は「三重苦」のもとで「餓鬼道への転落」と呼ばれる精神的荒廃を経験しながら、趣味や文化活動に生き甲斐を見出しつつ、家族と故郷への想いを支えに生き抜いてきた。「三重苦」を促進する旧軍階級制度と闘い、軍国主義の時代には不可能だった民主主義の初歩的な実体験を積んだ。「民主運動」は収容所当局により親ソ反米の政治色を色濃く帯びたが、それに気づき、ダモイ=帰国のために同調を装った者が少なくなかった。一方的被害者として語られがちだった彼らの苦境のなかでの生き方を示すことができたと思う。

ついでながら、米国の研究者アンドリュー・バーシェイは『神々は真っ先に逃げた』という印象的なタイトルの著作で、棄兵された日本人捕虜の内面世界を香月泰男の画文、高杉一郎の回想記、石原吉郎の詩文を素材に描いている。また、カルムィク人女性研究者エリザ=バイール・グチノーヴァの『ラーゲリを描く　日本人捕虜のソ連回想におけるトラウマの表象』は、タブー視されていた排泄や性をも描き、コミカルなものを含む絵画のなかに、捕虜の深い心的外傷を読み取った心理学的・文化人類学的作品である。

本書は従来の抑留像を見直し、修正するものであるが、いっそうの実態解明のためには、厚生労働省がロシア政府から引き渡された個人登録簿に記された四〇項目のデータが重要であり、五十数万人分のデータベースが不可欠だということを強調したい。

ソ連軍は捕虜を捕獲するとどの国に所属しようとも、内務人民委員部が収容所入所時に四〇項目からなる質問に回答させて、捕虜管理の基礎資料とした。姓名、生年、本籍、現住所、信仰、学歴、職業経験、所属政党、軍隊召集（入隊）年、階級、所属部隊、捕虜となった年月日及び場所、家族構成、父の階層・社会的地位・資産などである（村山常雄の登録簿の一部を示す）。

Главное управление НКВД СССР по делам о военнопленных и интернированных

Учетное дело № 12473　Лагерь № 1/4　Дата прибытия в лагерь 25. октября 1945 г.

ОПРОСНЫЙ ЛИСТ

№		
1	Фамилия	Мураяма
2	Имя	Цунео
3	Отчество	
4	Год рождения	1926
5	Место рождения	Япония: пр. Нигата [illegible] дом 7212
6	Адрес до призыва (последнее местожительство перед призывом в армию)	см § 5
7	Национальность	японец
8	Родной язык	японский
9	Какими еще языками владеет	не владеет
10	Подданство или гражданство	японское
11	Партийность	б/п
12	Вероисповедание (религия)	буддист
13	Образование: а) общее б) специальное в) военное	[illegible]
14	Профессия и специальность до службы в армии	[illegible]
15	Стаж работы по специальности	3 года
16	В какой армии противника состоял	в японской
17	Призван и время по мобилизации или поступил добровольно	по мобилизации
18	Когда призван (или поступил в армию)	[illegible] 1945 г.
19	Род войск	пехота
20	В какой (последней перед пленением) части служил	[illegible] пехотный полк №[illegible]
21	Матрикулярный номер	
22	Чин или звание	солдат-рядовой
23	Занимаемая должность в части	стрелок 村山常雄

村山常雄の登録簿（一部）

個人登録簿は、抑留研究に必要な統計的・社会学的データが得られる基礎

コラム⑫

村山名簿の偉大な貢献

2005年村山常雄（1926―2014）がホームページに「抑留中死亡者名簿」を公開し，翌年吉川英治文化賞を受けたとき，人々は驚嘆した．70歳でパソコンを覚え，4万6300人もの抑留中死亡者の名簿をたった1人で作成したことに，である．

この種の名簿は1991年にゴルバチョフ大統領が約3万人分を持参して以来，日本側に引き渡されていたのに，厚生労働省は遺族から請求があった場合に登録簿の写しを翻訳して提供したにすぎなかった．遺族の大多数は，戦後まもなく伝えられた公的通知「○○年△月×日シベリアで戦病死」以外に何の情報も受け取っていなかった．

抑留体験者である村山は，「ゴルバチョフ名簿」が週刊誌に発表されたとき，ロシア語読みをカタカナに置き換えた姓名を見て憤りを覚えた．死者はせめて姓名を取り戻してこそ慰霊されるとの信念から，カタカナの姓名を日本人らしいものに戻し，兵籍名簿その他にある漢字姓名と同定する困難な作業をやり遂げた．たとえば「ヴォダ・エシモ」を「和田義美」と同定したのである．

この「村山名簿」は，死亡の日時と場所，死因，埋葬地を示したもので，遺族に貴重な情報を提供し，抑留者の運動に大いに貢献した．不朽の業績である．

資料である。たとえば捕虜の年齢構成は、一九二五年生まれが最も多いと経験的にはわかっているが、データで裏付けられる。軍隊召集年を見れば、一九四五年現地（満洲）召集がどれだけいたかも判明する。従来も、どの部隊がどこで捕虜とされ、どの野戦収容所を経てソ連領内の捕虜収容所に送られたのかの概要（延吉―クラスキノ経由か、黒河―ブラゴヴェシチェンスク経由か、中東鉄道満洲里駅経由かなど）はわかっていたが、正確な裏付けが得られる。

さらに、登録簿の表紙に書かれた複数の収容所または特別病院の番号から、抑留後の移動のパターンを析出し得る。死者は最初の冬に八割が集中したと言われるが、それも裏付けられる。死因、とくに病気の第一位が栄養失調症であることはソ連軍医の報告にも見えるが、その他の順位と地域的な特徴も判明する。埋葬地も、各収容所の周辺にどう分布していたかがわかるはずである。

これらは主として、いわば捕虜収容所における生活の入口と出口を把握するという意味で重要なデータであり、抑留研究に不可欠な基礎資料なのだが、厚労省は「個人情報保護法」を盾に、同法第五〇条の例外規定に基づく研究のための利用さえ認めていない。

日独捕虜の比較からわかったこと

本書は、同じソ連の捕虜となったドイツ人の抑留を第1章で記したが、日本人との比較を意識しながら検討した最初の著作でもある。率直に言って、学生時代以来五〇年ぶりのドイツ語にはほとほと苦労させられ、ドイツ語資料及び回想記、研究書も多くは読めなかった。むろん、ロシアでもドイツ人捕虜に関する資料集や著作は数多く存在するので、まずはその消化、吸収に努めた。

他方で、独ソ戦争から捕虜問題だけを切り取るわけにはいかず、戦争の全体像や経過もしっかり押さえなければならない。この戦争は、ロシアでは「大祖国戦争」と呼ばれ、ソ連時代から膨大な研究の蓄積があるのみならず、愛国主義的なバイアスも少なくないだけに、相当読みこなしながら自分なりの独ソ戦争観を築いた。「将軍たちの戦争」ではなく「兵士たちの戦争」(キャサリン・メリデール『イワンの戦争』)の視点を大切にし、兵士として戦った女性の、そして子どもたちの戦争観(スヴェトラーナ・アレクシエーヴィチ『戦争は女の顔をしていない』『ボタン穴から見た戦争』)にも学んだ。

さて、ドイツ人捕虜問題の検討によって、従来の日本におけるドイツ人捕虜に対する見方が偏っていたことがわかった。日本人による回想のなかのドイツ人は「勤勉な、自尊心の強い民族」「ソ連収容所当局に屈しないゲルマン魂」というイメージだった。

しかし、第1章でも述べたように、日本人捕虜とドイツ人捕虜の接触は地域的にも、階級的にも限定されていた。もちろん、日本人将校のなかにはドイツ語を多少とも話せる者がいたし、三国軍事同盟の仲間意識もあった。そこで、同僚将校のなかに収容所当局に迎合し、ましてや「民主運動」に同調する者が出てくると、ドイツ人は信念が固く、反ファシスト政治教育に抵抗したと評価しがちになる。

日本人将校の多数は、ドイツ国防軍がユダヤ人やソ連国民に対して行った悪逆非道のことは知らず、翻って日本軍が中国や東南アジアで行った蛮行も顧みることなく、スターリンとソ連をひたすら非難する立場であった。しかも彼らは、ドイツ人兵士はむろん、日本人兵士でさえ使い捨ての「駒」のように見ていた者が少なくない。

付言すれば、西ドイツでは「国防軍＝善玉」（悪いのはヒトラーと親衛隊）論が、一九五〇年代には幅を利かせていた。アイヒマン裁判（一九六一年）あたりを契機として、当時の若者が、ナチズムに程度の差こそあれ関与した父親世代の戦争責任、ユダヤ人迫害の加害責任を追及する声を上げた。しかし、国防軍免罪論の克服はさらに時間を要し、一九九〇年代半ばの「国防軍展」全国巡回をめぐる大論争を通じてのことだったとは、ナチ・ドイツ専門家の芝健介教授のご教示である。

本書で見てきたように、ドイツ人捕虜も日本人捕虜も、捕虜としての共通の苦しみを味わった。それは、飢えと寒さと重労働だけではない。飢えは捕虜を、生き残るための剝き出しのエゴイズムに追いやり、盗みを常習化させ、パンのために仲間の死を喜ぶところにまで追いつめた。しかも、両軍とも捕虜は不名誉であり、捕虜になるくらいなら死を選べという教育を施してきた。捕虜は屈辱感と自分だけが生き残った罪障感とがない交ぜになって、自暴自棄的ないしは自虐的になった。

日独捕虜の比較を最初に試みたのは、スイス人研究者リヒャルト・デーラーである。彼の著作『ソ連における日本人及びドイツ人捕虜　体験談の比較』は、捕虜の絵画をも手がかりに収容所の労働と生活を分析した点がユニークである。反面、日本人の場合、虜囚生活でも天皇制が大きな意味を持ったとしている点など、ややステレオタイプに引きずられている。日本人のドイツ人観、ドイツ人の日本人観を説明する論拠は少ない。前者は、今日の研究水準から見ると問題の多い若槻泰雄『シベリア捕虜収容所』（一九七九年）からの孫引きである。

ソ連人を含む収容所の比較研究の必要性

先の日独捕虜の苦しみは、独ソ戦争の前半に捕虜になったソ連人将兵も同じだった。捕虜を不名誉と考え、屈辱感に苛（さいな）まれたのは、ナチ・ドイツ、スターリン・ソ連、天皇制日本という独裁国家、論争的な概念を用いれば「全体主義」体制に共通だったのである。

もっとも、ソ連人捕虜が独ソ戦前半は被害者、後半は加害者だという常識も問い直す必要があろう。『近代史雑誌』（二〇一六年六月）に発表されたマーク・エデルの論文が、一九四一―四三年、つまり独ソ戦前半で赤軍もドイツ軍将兵を捕虜にするよりは現場で銃殺し、スターリン自身もそれを煽るような演説をしていた（一九四一年一一月六日革命記念日前夜祭などで）ことを実証的に示したからである。

ただ、ここで強調したいのは、ソ連人捕虜は戦争に勝利した側ではあるが、満足に復員し、家庭に帰れたわけではないことである。ソ連国境の内側にある点検・選抜収容所で厳しい取調べを受け、捕虜になった者のみならず、ドイツ軍に包囲された部隊にいただけで「対独協力者」「スパイ」の疑いをかけられ、矯正労働収容所に送られ、赤軍労働大隊に回された者は少なくない。日本人の回想記にも、収容所長や独立労働大隊の幹部が対独戦争の捕虜で、懲罰として送り込まれてきたようだという観察がしばしば見られる。

他ならぬソ連人こそ、まずは捕虜収容所のモデルだった矯正労働収容所を、ついで捕虜収容所をも数百万人単位で経験し、「三重苦」のみならず、エゴイズムと精神的苦悩をも味わってきた。解放後も政治的迫害と社会的差別に苦しまねばならなかった。家族もまた、将兵家族の特典を剝奪された。こうした嫌疑をかけられた者たちが「恩赦」により名誉回復されたのは、スターリン死去三年後の一九五六年だった。

たしかに、矯正労働収容所と捕虜収容所とは異なる。第一に、後者なら一定期間後の本国送還が予定されるのに、前者では期限不定（最長二五年）である点、第二に、後者では国際法が無視できないため賃金支給その他の保護が少なくとも建前上はあるのに、前者にはない点、第三に、前者には「刑事囚の支配」があったのに対し、後者では当初は「上官の支配」があり、やがて「親ソ・アクチヴの支配」になった点、である。

にもかかわらず、囚人と捕虜は酷似した精神世界を経験した。この点では、ナチの強制収容所、とくにユダヤ人の殺害を目的とした絶滅収容所も比較に含まれていい。事実ドイツ、ロシア両国の捕虜研究者も、ヴィクトル・フランクル（オーストリア・ユダヤ人の精神病理学者）の『夜と霧　ドイツ強制収容所の体験記録』を参照している。日本では、有罪判決を受けて捕虜から囚人になった石原吉郎が帰国後最初に読んで共感、感銘している。そして、二人はそれぞれ、徹底したエゴイズムのなかで人は生きられるかと問い、フランクルが信仰に拠りどころを見出したのに対して、石原は否定的で「失語」「寂寥」しかないとしていた。

むろん、捕虜や囚人のすべてがフランクルや石原のように思索したわけではない。あるいは、石原と同じ長期抑留者だった内村剛介のように「肉体的には拘束されていても、精神的には自由だ」と断言したわけでもない。当時は知識人の捕虜や囚人の一部だけの議論だったが、ホロコーストの全貌が明らかになった「アウシュヴィッツ後」の時代には、誰もが極限状態を想像し、「生き残る」意味を問うよう求められているのではないか。

抑留帰還者の戦後の検討へ

最後に、ドイツ人研究者のクリスチアーネ・ヴィーナントによるドイツ人捕虜の分析に言及したい。

彼女は、ソ連から帰還したドイツ人捕虜を「ヒーロー」「被害者」「加害者」の視点で分析している。彼らは西ドイツに帰還した場合、冷戦のなかでスターリンの非道の被害者であるとともに、その収容所を耐え抜いたヒーローだと評価されてきた。だが、一九六〇年代後半以降の社会運動の高まり、冷戦の若干の緩和と社会民主党政権の登場のなかで、ユダヤ人や東欧及びソ連国民に対する加害者だったのではないかという指摘を受けるようにもなった。

この視点を参考にすると、日本人捕虜は「戦陣訓」的な捕虜観が残ったため「ヒーロー」視はほとんどなかった。だが、帰還後の捕虜は多数が「被害者」意識を持ち、一部は「改心者」（労働や政治教育によって生まれ変わった）意識を抱いた。前者の気分を代弁し、ソ連とスターリン、そして「民主運動」の弾劾に終始したものが若槻の『シベリア捕虜収容所』であり、それを継承する著作が阿部軍治『シベリア強制抑留の実態』（二〇〇五年）である。後者の意識は共産党系の帰還者団体に見られたが、冷戦のエスカレーション、共産党の衰退とともに目立たなくなり、一九九一年のソ連解体で消滅した。

しかし同時に、日本政府・軍部が満洲開拓民や関東軍兵士に対する棄民・棄兵政策をとったのではないかという声が抑留体験者自身のなかから生まれた。そこから関東軍がなぜ満洲にいたのかと、日露戦争後の歴史が問われるようになった。一九九〇年代の中国や韓国の戦争・戦後補償要求運動にも影響を受けて、日本人捕虜の「加害者」性が問われるようになったのである。韓国人元兵士の「韓国シベリア朔風会」が二〇〇三年に日本政府に対する補償要求裁判を起こし、地裁、高裁とも敗訴したが、全国抑留者補償協議会はこれを支援した。

小熊英二『生きて帰ってきた男』（二〇一五年）の主人公であり著者の父親である謙二は、チタの収容所仲間の呉雄根による日本政府を相手取った補償請求裁判の共同原告となった（一九九七年東京地裁に提訴、二〇〇〇年請求棄却）。謙二は、同じ兵士として苦労したのに戦後になって国籍（呉は中国東北・延辺自治州の朝鮮人）の違いを理由に平和祈念事業「慰労金」が支給されなかった差別に憤った。帰還者の「被害者意識」からの脱却を示すものと言えよう。

この著作の真骨頂はむろん、高杉や内村のような知識人ではない市井の庶民が戦争と抑留をどう生きてきたか、社会史家の子が父に語らせ、それを広義の抑留史として見事に結実させ、抑留研究に大きな一石を投じた点にある。

日ソ共同宣言により抑留者がわずかな例外を残してすべて帰還した一九五六年以降、帰還者たちがどう生き、社会問題としての「抑留問題」はどうなったのか、ドイツ人及びソ連人捕虜の戦後を念頭に置きながら、あらためて問い返すべきだと思われる。

あとがき

私が前著『シベリア抑留者たちの戦後　冷戦下の世論と運動　1945―56年』（人文書院、二〇一三年）を世に問うてから三年近くが経過した。この間に戦後七〇年＝抑留七〇年の記念行事があり、この問題がある程度注目される一方、村山常雄さん、佐藤清さん、宮崎静夫さん、猪熊得郎さんら抑留体験者が次々と鬼籍に入られ、抑留の記憶と記録を若い世代に伝える努力がいっそう大事になっている。二〇一〇年に発足したシベリア抑留研究会には重い責務が課せられている。

私個人のこの三年間を振り返ると、充実していたと思う。

まず二〇一四年の年末から一五年の年初にかけて、著名な詩人で抑留体験者の石原吉郎についてエッセイを書いたことである。詩人や評論家の石原論は多数あるが、あくまで歴史家として彼の抑留体験を可能な限り明らかにして論じたものである。捕虜の独特の精神世界、依存し合いながら他人を蹴落（けお）としてでも生き残ろうとする「共生」関係と、条件反射的な行動に慣らされて言葉も失う「失語」の状態を喝破した石原は鋭い。

二〇一五年三月にモスクワのロシア連邦国立公文書館で、興南送還収容所における死者の名簿を読売新聞社の緒方賢一記者とほぼ同時に発見し、報道の力により厚労相から「従来の調査や対応がソ連・モンゴル中心で、軍人・軍属中心だったことを改めたい」との発言を引き出したことは前進だった。私たちが南樺太、北朝鮮、旅順・大連における民間人の抑留について調べ、当事者が語ってきたことが無駄ではなかったのである。

続いて八月のICCEES（国際中東欧研究協議会）幕張大会のセッション「ソ連における日本人及びドイツ人捕虜：比較」で、さらに成蹊大学における戦後七〇年ワークショップでも、アンドレアス・ヒルガー博士を招いて議論できたことは意義深い。抑留研究の学術的な場で初めてドイツ人捕虜を取り上げ、従来の日本人中心の独りよがりな研究を克服する第一歩となったからである。

その直後に私は過労で体調を崩し、癌が発見されたため、九月に予定していたユジノ・サハリンスク公文書館での仕事を断念した。その後何とか回復して、長勢了治さんとの共編訳『シベリア抑留資料集成』（仮題、みすず書房）の編集作業に取り組んだ。本邦初の、それも日米露三ヵ国語の原資料の翻訳を含む編集で、極度に神経を使う仕事ではあったが、従来の資料利用の不備や読みの甘さに気づかされもした。

そして二〇一六年八月のヴォルクタ行きである。祖父上が同地で抑留死された遺族に同行して北緯六七度の収容所跡地を訪ねた。そして、遺族の熱意に打たれた地元関係者の協力により、厚労省からは得られなかった逮捕の年月日、裁判の場所と判決内容、ヴォルクタ到着年月日、死亡年月日、祖父上の死を看取った兵士の姓名といった情報を入手した。おそらく民間の訪問としては前例のない成果を上げることができた。

モスクワでNGO「メモリアル」本部を訪問したことも意義深かった。このNGOは、ペレストロイカ期からスターリンによるテロル犠牲者にかかわる事実の発掘と名誉回復に努めてきた団体である。そのウェブサイトには、独ソ戦争と捕虜、あるいはドイツに連行された「東方労働者（オストアルバイター）」に関する貴重な証言も掲載され、私は抑留研究会のフェイスブックで紹介してきただけに、今後の情報交換と研究交流が期待される。

本書は、学問研究の成果ではあるが、それはデスクワークだけで得られたものではない。抑留体験者や遺族・家族との交流、ロシアをはじめとする外国人研究者やNGOとの交流、そして収容所跡地や埋葬地などの現地の見聞に負うところが大きい。私はすでに、ハバロフスク、コムソモリスク・ナ・アムーレ、イルクーツク、カラガンダに出かけてきたが、今回のヴォルクタも含めて、すべて「巡礼」だと思っている。むろん慰霊の意味もあるが、研究者としては公文書で得られたデータを現地体験によるリアルな想像で肉付けし、豊かにする

「巡礼」なのである。今後も「巡礼」は続け、できれば、大伯父が三年間抑留されていたエラブガ（タタルスタン共和国）も訪れたい。

この本を刊行にこぎ着けるまでに、多くの方々のお力添えをいただいた。とくに、抑留のテーマで中公新書に書きたいと言った私の願いを白戸直人編集長に伝えてくださった板橋拓巳成蹊大学教授、独ソ戦争に関して助言を惜しまれなかったナチ・ドイツ研究の芝健介東京女子大学名誉教授には、お名前を挙げて感謝の意を表したい。

白戸編集長からは、新書に相応しい文章、論旨の明解さなどの点で、学術論文スタイルを抜けられない私に多くの助言をいただいた。自身が研究として詰め切れていない部分が曖昧な、不明確な叙述となっている点も反省させられた。大いに感謝している。

本書を、今年九月一二日（日本時間）に、ウズベキスタンのテルメズに仏教遺跡発掘に出かけられた先で客死された加藤九祚先生（享年九四）に捧げたい。先生は朝鮮半島出身、シベリア抑留で大変な苦労をされながら、つねに楽観的で、笑顔を絶やさない方であった。抑留経験を「シベリア大学で学んだ」と言い放てる人は少ない。ご近所だったため時折お邪魔して、お酒を酌み交わしながらお話を伺うのが楽しみだったが、もうそれもかなわない。

二〇一六年一〇月一九日　　日ソ共同宣言調印六〇年の日に

社，2008年
29）高木健一『サハリンと日本の戦後責任』凱風社，1990年
30）角田房子『悲しみの島サハリン　戦後責任の背景』新潮社，1994年
31）小川峡一編『置き去りにめげずカザフスタンで生き抜いた同胞たち』サハリン同胞交流協会，2010年
32）E. I. Savel'eva. *Ot voiny k miry. Grazhdanskoe upravlenie na Iuzhnom Sakhaline i Kuril'skikh ostrovakh 1945-1947 gg. Iuzhino-Sakhalinsk*, 2012.（小山内道子訳『日本領樺太・千島からソ連領サハリン州へ』成文社，2015年）
33）ラリーサ・ドラグノーヴァ（松井憲明訳）「サハリン・オハ捕虜収容所」『歴史評論』第637号（2003年5月）
34）工藤信彦『わが内なる樺太　外地であり内地であった「植民地」をめぐって』石風社，2008年
35）竹野学「樺太からの日本人引揚げ（1945～49年）　人口統計にみる」今泉裕美子ほか編著『日本帝国崩壊期「引揚げ」の比較研究—国際関係と地域の視点から』日本経済評論社，2016年

†終　章

1）Andrew E. Barshay, *The Gods Left First : The Captivity and Repatriation of Japanese POWs in Northeast Asia 1945-1956*, University of California Press, 2013.
2）Eliza-Bair Guchinova. *Risovat' lager'. Iazyk travmy v pamiati iaponskikh voennoplennykh o SSSR*. Slavic Research Center, Hokkaido University, 2016.（『ラーゲリを描く　日本人捕虜のソ連回想におけるトラウマの表象』）
3）村山常雄『シベリアに逝きし46300名を刻む　ソ連抑留死亡者名簿を作る』，七つ森書館，2009年
4）C・メリデール（松島芳彦訳）『イワンの戦争　赤軍兵士の記録　1939—45』白水社，2012年
5）S・アレクシェーヴィチ（三浦みどり訳）『戦争は女の顔をしていない』，『ボタン穴から見た戦争　白ロシアの子供たちの証言』岩波現代文庫，2016年
6）Mark Edele, Take（No）Prisoners! The Red Army and German POWs, 1941-1943, *The Journal of Modern History*, No.88（June 2016）.
7）V・E・フランクル『夜と霧　ドイツ強制収容所の体験記録』みすず書房，1956年（訳者の霜山徳爾も，抑留を体験した臨床心理学者であることが名訳を生んだ）
8）五味川純平『人間の条件』上中下，岩波現代文庫，2005年（原著：三一書房，1956—58年）
9）大岡昇平『俘虜記』新潮文庫，1967年（原著：創元社，1952年）
10）高杉一郎『極光のかげに　シベリア俘虜記』岩波文庫，1991年（原著：目黒書店，1950年）
11）石原吉郎『望郷と海』みすず書房，2012年（原著：筑摩書房，1972年）
12）内村剛介『スターリン獄の日本人　生き急ぐ』中公文庫，1985年（原著：『生き急ぐ　スターリン獄の日本人』三省堂，1967年）
13）富田武「石原吉郎　抑留を二度生きた詩人の戦後」テッサ・モーリス＝スズキ編『ひとびとの精神史　第2巻　朝鮮の戦争　1950年代』岩波書店，2015年
14）小熊英二『生きて帰ってきた男　ある日本兵の戦争と戦後』岩波新書，2015年

53)『シベリア抑留画集　きらめく北斗星の下に』http://www.ishiatama.com/yokuryuu/m-01.htm, 2011.
54)『アルバム・シベリアの日本人捕虜収容所』朝日新聞社，1990年
55)『月刊Asahi』緊急増刊「鎮魂シベリア　抑留死亡者4万人名簿」朝日新聞社，1991年

†第3章

1)中山隆志『一九四五年夏　最後の日ソ戦』国書刊行会，1995年
2)大野芳『8月17日，ソ連軍上陸す　最果ての要衝・占守島攻防記』新潮社，2008年
3)井澗裕「占守島・1945年8月」，北海道大学スラブ研究センター『境界研究』第2号（2011年11月）
4)森田芳夫『朝鮮終戦の記録―米ソ両軍の進駐と日本人の引揚』巌南堂書店，1964年
5)森田芳夫・長田かな子編『北朝鮮地域日本人の引揚』（朝鮮終戦の記録　資料篇第3巻），巌南堂，1980年
6)朝鮮引揚同胞世話会『引揚同胞』第1号（1946年4月）―第15号（1948年2月）
7)毎日新聞社編『在外父兄救出学生同盟』毎日新聞社，1968年
8)金勝登『私の同盟活動』私家版，1960年
9)待ちわびる心の会『待ちわびる心は消えず：北鮮未帰還者家族の手記』1957年
10)北朝鮮引揚問題研究会『季刊　望郷』レインボー出版，第1―12号（1979―2014年）
11)三合里戦友会『三合里収容所小史』，1995年
12)鎌田正二『北鮮の日本人苦難記―日窒興南工場の最後』時事通信社，1970年
13)磯谷季次『朝鮮終戦記』未來社，1980年
14)穂苅甲子男『シベリア抑留記』私家版，1962年
15)小林幸枝『実録　北朝鮮からの脱出』創芸出版，1985年
16)福地孝『難民の記：北朝鮮羅津から旧満州国撫順へ』（出版社不明）2006年
17)森田茂編『祖国の土を踏んで：北朝鮮〈城津〉からの引揚者たちのその後』明文書房，2012年
18)佐藤知也『平壌で過ごした12年の日々』光陽出版社，2009年
19)井上卓也『満洲難民　三八度線に阻まれた命』幻冬舎，2015年
20)城内康伸・藤川大樹『朝鮮半島で迎えた終戦　在留邦人がたどった苦難の軌跡』大月書店，2015年
21)樺太終戦史刊行会編『樺太終戦史』全国樺太連盟，1973年
22)新庄成吉『冬空の記録　ソ連占領下南樺太の社会生活の真相』川崎書店，1949年
23)泉友三郎（新庄成吉）『ソ連南樺太　ソ連官吏になった日本人の記録』妙義出版，1952年
24)福家勇『南樺太はどうなったか　一村長の敗戦始末記』葦書房，1982年
25)金子俊男『樺太一九四五年夏』講談社，1972年
26)小林篤司『ソ連市民になった二年間』星雲社，2002年
27)三村清『少年二等兵のサハリン俘虜記』私家版，1995年
28)李炳律『サハリンに生きた朝鮮人　ディアスポラ・私の回想記』北海道新聞

24)味方俊介『カザフスタンにおける日本人抑留者』東洋書店，2008年
25)富田武編著『コムソモリスク第二収容所　日ソの証言が語るシベリア抑留の実像』東洋書店，2012年
26)O・ポトィリチャク，V・カルポフ，竹内高明（長勢了治訳）『ウクライナに抑留された日本人』東洋書店，2013年
27)松本茂雄『火焼山』文藝書房，1999年
28)今川順夫『私のシベリア抑留　地獄の記録―負けてたまるかの奮闘記―』岐阜新聞社，2011年
29)藤原てい『流れる星は生きている』中公文庫，1976年（原著：日比谷出版社，1949年）
30)新田次郎『望郷』新潮文庫，1977年（原著：『別冊　文藝春秋』1965年）
31)ポール・邦昭・マルヤマ（高作自子訳）『満州　奇跡の脱出　170万同胞を救うべく立ち上がった三人の男たち』柏艪舎，2011年
32)関田松三・関田照子著，関田隆編『生きて，ふたたび　シベリア抑留の父，満州・朝鮮を転々とした母』文芸社，2015年
33)「不戦兵士・市民の会」猪熊得郎監修・著『人を殺して死ねよとは―元兵士たちが語り継ぐ軍隊・戦争の真実』本の泉社，2011年
34)上尾龍介『一塊のパン　ある学徒兵の回想』上・下，中国書店，2015年
35)加藤九祚『シベリア記』潮出版社，1980年
36)吉田正『生命ある限り：吉田正・私の履歴書』日立市民文化事業団，2001年
37)増田幸治「“異国の丘”を作ったあの頃」『全抑協広報』第17号（1981年12月20日）
38)池田幸一『アングレン虜囚劇団　ソビエト捕虜収容所の青春』サンケイ出版，1981年
39)成冨満歌集『蓬　ブリヤン』私家版，1949年
40)鬼川太刀雄『ラーゲリ歳時記』岩波同時代ライブラリー，1993年
41)伊藤登志夫『白きアンガラ河　イルクーツク第一捕虜収容所の記録』思想の科学社，1979年
42)河野卓男『シベリヤ抑留記―シベリヤにおける民主運動―』原書房，1984年
43)おざわゆき『凍りの掌』小池書院，2012年
44)宮野泰『タムガ村六〇〇日　キルギス抑留の記録』新潟日報事業社，2013年
45)日赤第467救護班有志「ダモイは遠く―シベリア抑留」刊行委員会編『従軍看護婦たちの大東亜戦争　私たちは何を見たか』詳伝社，2006年
46)生田美智子「終わらない戦争・シベリア抑留(1)―佳木斯第一陸軍病院の看護婦たち」，ハルビン・ウラジオストクを語る会『セーヴェル』第32号（2016年3月）
47)加倉井文子『男装の捕虜』国書刊行会，1982年
48)山宮正敬『虜囚日記　外蒙ウランバートルにおける捕虜収容所の凄惨な生活体験記録』博栄出版，1986年
49)林照『シベリア』第1部「白墓の丘」，第2部「望郷の風雪無情」，第3部「埠頭の華」，新風書房，2011年
50)富永正三『あるB・C級戦犯の戦後史　ほんとうの戦争責任とは何か』影書房，2010年
51)中村百合子『赤い壁の穴』武蔵野書房，1956年
52)『シベリア虜囚の祈り―佐藤清画文集』泰流社，1980年

4)長谷川毅『暗闘　スターリン，トルーマンと日本の降伏』中央公論新社，2006年（英文原著，2005年）
5)加藤聖文『「大日本帝国」崩壊　東アジアの1945年』中公新書，2009年
6)A. B. Shirokorad. *Dal'nevostochnyi final.* Moskva, 2005.（『極東の最終戦』）
7)K. E. Cherevko, A. A. Kirichenko. *Sovetsko-iaponskaia voina. 8 avgusta - 2 sentiabria 1945 g. Rassekrechennye arkhivy.* Moskva, 2006.（『ソ日戦争　1945年8月8日—9月2日　機密解除された公文書館』）
8)E. L. Katasonova. *Iaponskie voennoplennye v SSSR: bol'shaia igra velikikh derzhakh.* Moskva, 2003.（白井久也監訳『関東軍兵士はなぜシベリアに抑留されたか　米ソ超大国のパワーゲームによる悲劇』社会評論社，2004年）
9)E. L. Katasonova. *Poslednie plenniki vtoroi mirovoi voiny: maloizvestnye stranitsy Rossiisko-iaponskikh otnoshenii.* Moskva, 2005.（『第2次世界大戦最後の捕虜：露日関係の知られざる頁』）
10)Viktor Karpov. *Plenniki Stalina: sibirskoe internirovanie iaponskoi armii. 1945-1956 gg.* Kiev, 1997.（長勢了治訳『スターリンの捕虜たち　ソ連機密資料が語る全容』北海道新聞社，2001年）
11)M. A. Kuz'mina. *Plen (Iaponskie voennoplennye v Khabarovskom krae). Komsomol'sk-na-Amure*, 1996.（『捕虜（ハバロフスク地方における日本人捕虜）』）
12)S. I. Kuznetsov. *Iapontsy v sibirskom plenu (1945-1956).* Irkutsk, 1997.（岡田安彦訳『シベリアの日本人捕虜たち　ロシア側から見た「ラーゲリ」の虚と実』集英社，1997年）
13)E. Iu. Bondarenko. *Iaponskie voennoplennye na Dal'nem Vostoke Rossii v poslevoennye gody.* Vladivostok, 1997.（『戦後のロシア極東における日本人捕虜』）
14)M. N. Spiridonov. *Iaponskie voennoplennye v Krasnoiarskom krae (1945-1948 gg.): Problemy razmeshcheniia, soderzhaniia v trudovogo ispol'zovaniia.* Krasnoiarsk, 2003.（『クラスノヤルスク地方に於ける日本人捕虜（1945—1948年）：配置，給養，労働使役の諸問題』）
15)S. V. Karasev. *Iaponskie voennoplennye na territorii Chitinskoi oblasti (1945-1949 gg.).* Irkutsk, 2002.（『チタ州における日本人捕虜（1945—1949年）』）
16)若槻泰雄『シベリア捕虜収容所』上・下，サイマル出版会，1979年
17)朔北会『朔北の道草—ソ連長期抑留の記録』1977年，『続・朔北の道草』1985年
18)ソ連における日本人捕虜の生活体験を記録する会『捕虜体験記』全8巻，1984—98年．Ⅰ　歴史・総集篇，Ⅱ　沿海地方篇，Ⅲ　ウラル以西篇，Ⅳ　ハバロフスク地方篇，Ⅴ　中央アジア篇，Ⅵ　ザバイカル地方・モンゴル篇，Ⅶ　タイシェト・イルクーツク篇，Ⅷ　民主運動篇
19)広瀬善男『捕虜の国際法上の地位』日本評論社，1990年
20)阿部軍治『シベリア強制抑留の実態　日ソ両国資料からの検証』彩流社，2005年
21)長勢了治『シベリア抑留全史』原書房，2013年
22)富田武『シベリア抑留者たちの戦後　冷戦下の世論と運動　1945—56年』人文書院，2013年
23)横手慎二「スターリンの日本人送還政策と日本の冷戦への道」1—3，『法学研究』（慶應義塾大学）第82巻（2009年），第9—11号，「『シベリア抑留』の起源」，同第83巻（2010年）第12号

voennoplennykh iz SSSR (1945-1958 gg.). Moskva. 2010.（『道中ご無事で　ドイツ人捕虜のソ連からの帰還の歴史によせて（1945—1958年）』）

21）N. P. Timofeeva（pod red.）. *Lagernyi opyt v zhizni i pamiati russkikh i nemtsev - vozmozhnosti i predely sovmetnykh vospominanii.* Voronezh. 2010.（『ロシア人及びドイツ人の生活と記憶の中の収容所体験　共同的回想の可能性と限界』）

22）A. Hilger, Re-educating the German Prisoners of War: Aims, Methods, Results and Memory in the East and West Germany, in Bob Moore & Barbara Hately-Broad（eds.）, *Prisoners of War, prisoners of peace: captivity, homecoming, and memory in World War II*, Oxford, 2005.

23）V. B. Konasov, A. V. Tereshchuk. K istorii sovetskikh i nemetskikh voennoplennykh（1941-1943 gg.）. *Novaia i noveishaia istoriia*, No.5, 1996.（「ソ連人及びドイツ人捕虜の歴史によせて（1941—1943年）」

24）I. V. Bezborodova. *Upravlenie po delam voennoplennykh i internirovannykh NKVD/MVD SSSR (1939-1953 gg.).* Doktorskaia dissertatsiia. 1997.（長勢了治訳『もう一つの収容所群島―ソ連捕虜抑留者管理総局（グプヴィ）の歴史（1939—1953年）』博士論文）

25）A. L. Kuz'minykh. Nemetskie voennoplennye v SSSR: sotsial'no-psikhologicheskii aspekt problem. *Novaia i noveishaia istoriia*, No.1, 2006.（「ソ連におけるドイツ人捕虜：問題の社会心理的側面」）

26）Aleksandr Borozniak. "Imia Stalingrada vyzhezheno ognem" : Stalingradskaia bitva v istoricheskoi pamiati FRG. *Rossiiskaia istoriia*, No.1, 2014.（「"スターリングラードの名が焼き尽される"：ドイツ連邦共和国の歴史的記憶の中のスターリングラード戦」）

27）B. L. Khavkin. Natsional'nyi komitet "Svobodnaia Germaniia" i popytka sozdaniia nemetskogo antigitlerovskogo pravitel'stva. *Novaia i noveishaia istoriia*, No.4, 2015.（「『自由ドイツ』国民委員会とドイツ反ヒトラー政府樹立の試み」）

28）M. I. Semiriaga. *Kak my upravliali Germaniei. Politika i zhizn'.* Moskva, 1995.（『われわれはいかにドイツを管理したのか：政治と人生』）

29）Christiane Wienand, *Returning memories　Former Prisoners of War in Divided and Reunited Germany.* New York, 2015.

30）Aleksandr Borozniak. *Zhestokaia pamiat'. Natsistskii reikh v vospriiatii nemtsev vtoroi poloviny XX i nachala XXI veka.* Moskva, 2014（『苛酷な記憶　20世紀後半及び21世紀初頭におけるドイツ人のナチ帝国理解』）

31）竹内錦司『画信　日本の俘虜はソ連でどんな生活をしたか』光文社，1950年

32）後藤敏雄『シベリア・ウクライナ　私の捕虜記』国書刊行会，1985年

33）川堀耕平『カラガンダ第八分所　中央アジア抑留記』溪水社，2008年

†第２章

1）防衛庁防衛研修所戦史室『戦史叢書　関東軍〈２〉関特演・終戦時の対ソ戦』朝雲新聞社，1974年

2）「満洲・北鮮・樺太・千島における日本人の日ソ開戦以後の状況」厚生省引揚援護局未帰還調査部，1959年５月（国立国会図書館所蔵）

3）D. M. Grantz, *The Soviet Strategic Offensive in Manchuria, 1945: 'August Storm'*, London, 2003.

1—6，新潮社，1974—1978年
10) V・シャラーモフ（高木美菜子訳）『極北コルィマ物語』朝日新聞社，1999年
11) V・ザスラフスキー（根岸隆訳）『カチンの森　ポーランド指導階級の抹殺』みすず書房，2010 年
12) D. D. Frolov. *Sovetsko-Finskii plen 1939-1944. Po obe storony koliuchei provoloki.* Sankt-Peterburg. 2009.（『ソ連・フィンランド戦争の捕虜　1939—1944年　鉄条網の両側で』）

†第１章
1) O. A. Rzheshevskii（pod red.）. *Velikaia otechestvennaia voina, 1941-1945. Sobytiia. Liudi. Dokumenty: Kratkii istoricheskii spravochnik.* Moskva. 1990.（『大祖国戦争　1941—1945年　出来事，人々，記録：簡易歴史便覧』）
2) D・M・グランツ，J・M・ハウス（守屋純訳）『詳解　独ソ戦史―最新資料が明かす「史上最大の地上戦」の実像』学習研究社，2003年
3) G・ロバーツ（松島芳彦訳）『スターリンの将軍ジューコフ』白水社，2013年
4) L. Grenkevich, *The Soviet Partisan Movement 1941-1944*, London, 1999.
5) T・スナイダー（布施由紀子訳）『ブラッドランド　ヒトラーとスターリン　大虐殺の真実』上下，筑摩書房，2015年
6) 永岑三千輝『ドイツ第三帝国のソ連占領政策と民衆　1941—1942』同文館，1994年
7) 同『独ソ戦とホロコースト』日本経済評論社，2001年
8) 矢野久『ナチス・ドイツの外国人　強制労働の社会史』現代書館，2004年
9) 芝健介『武装親衛隊とジェノサイド　暴力装置のメタモルフォーゼ』有志舎，2008年
10) 同『ホロコースト　ナチスによるユダヤ人大量殺戮の全貌』中公新書，2008年
11) 大木毅『ドイツ軍事史　その虚像と実像』作品社，2016年
12) Jochen Hellbeck, *Stalingrad: The City that Defeated the Third Reich*, New York, 2015（Original in German, 2012）
13) G. Ainzidel'. *Dnevnik plennogo nemetskogo letchika. Srazhaias' na storone vraga 1942-1948.* Moskva. 2012.（加瀬俊一訳『ひとたびは赤旗のもとに』法政大学出版局，1954年）
14) P・カレル，G・ベデカー（畔上司訳）『捕虜　鉄条網のむこう側の1100万の生と死』フジ出版社，1986年（原著ドイツ語，1980年）
15) O. S. Smyslov. *Plen: Zhizn' i smert' v nemetskikh lageriakh.* Moskva, 2014.（『捕虜：ドイツ収容所における生と死』）
16) Iu. V. Vladimirov. *Kak ia byl v nemetskomu plenu.* Moskva, 2016.（『私はいかにしてドイツの捕虜となったか』）
17) Stefan Karner, *Im Archipel GUPVI Kriegsgefangenschaft und Internierung in der Sowjetunion 1941-1956.* Wien. 1995.（in Russian, 2002）
18) Andreas Hilger, *Deutsche Kriegsgefangene in der Sowjetunion, 1941-1956 Kriegsgefangenenpolitik, Lagealltag und Erinnerung.* Essen. 2000.
19) Richard Dähler, *Die japanischen und die deutschen Kriegsgefangenen in der Sowjetunion 1945-1956: Vergleich von Erlebnisberichten*, Wien, 2007.
20) V. A. Vsevolodov, *Stupaite s mirom: k istorii repatriatsii nemetskikh*

1918—1960年』)
10) A. I. Kokurin, N. V. Petrov (pod red.). *Stalinskie stroiki GULAGa 1930-1953.* Moskva. 2005. (資料集『スターリン下グラーグの建設　1930—1953年』)
11) G. Bordiugov i dr. (pod red.). *Sovetskaia voennaia administratsiia v Germanii. Upravlenie propagandy (informatsii) i S. I. Tiul'panov. 1945-1949 gg.* Moskva—Sankt-Peterburg. 2006. (資料集『在独ソ連軍政部　宣伝(情報)機関とS・I・チュリパーノフ　1945—1949年』)
12) Gosudarstvennyi arkhiv Primorskogo kraia. *Iaponskie voennoplennye v Primor'e (1945-1949 gg.).* Vladivostok, vyp.1, 2005; vyp.2, 2006. (資料集『沿海地方における日本人捕虜(1945—1949年)』
13) N. O. Dulatbekov (pod red.). *Iaponskie voennoplennye v Karagandinskoi oblasti.* Karagandy, 2011. (資料集『カラガンダ州における日本人捕虜』)
14) G. E. Dudarets (pod red.). *Iuzhnyi Sakhalin i Kurilskie ostrova v 1945-1947 gg. Trud Gosudarstvennogo arkhiva Sakhalinskoi oblasti.* Iuzhino-Sakhalinsk, 1994. (資料集『1945—1947年の南サハリンとクリル諸島　国立サハリン州公文書館紀要』)
15)『引揚援護の記録』引揚援護庁, 1950年
16)『舞鶴地方引揚援護局史』厚生省, 1961年
17) 舞鶴引揚援護局『舞援情』第6—36号(1947年)
18) 函館引揚援護局『局報』第1号(1946年3月)—第24号(1949年9月)
19)『日本新聞』(1945年9月15日～49年12月30日)縮刷版, 朝日新聞社, 1991年
20) 全国抑留者補償協議会『全抑協広報』第1—362号(1979—2011年)
21) ソ連における日本人捕虜の生活体験を記録する会機関誌『オーロラ』第1—47号(1985—2011年)

【書籍】研究書, ただし一部の研究論文, 文学作品も挙げている. 配列はおおむね叙述順
†序　章
1) 富田武『スターリニズムの統治構造　1930年代ソ連の政策決定と国民統合』岩波書店, 1996年
2) O・フレヴニューク(富田武訳)『スターリンの大テロル—恐怖政治のメカニズムと抵抗の諸相』岩波書店, 1998年
3) O. V. Khlevniuk i drugie (pod red.). *GULAG: Ekonomika prinuditel'nogo truda.* Moskva. 2008. (『グラーグ:強制労働の経済学』)
4) G. M. Ivanova. *Istoria GULAGa 1918-1958.* Moskva. 2015. (『グラーグの歴史 1918—1958年』)
5) A. Shirokov. *Dal'stroi v sotsial'no-ekonomicheskom razvitii Severo-Vostoka SSSR (1930-1950-e gg.).* Moskva. 2014. (『ソ連北東部の社会・経済発展におけるダリストロイ(1930—50年代)』)
6) E. Bacon, *The GULAG at war: Stalin's Forced Labor System in the Light of the Archives.* London, Macmillan. 1999.
7) ジャック・ロッシ(内村剛介監修)『ラーゲリ　強制収容所　註解事典』恵雅堂出版, 1996年
8) アン・アプルボーム(川上洸訳)『グラーグ　ソ連集中収容所の歴史』白水社, 2006年
9) A・ソルジェニーツィン(木村浩訳)『収容所群島:文学的考察 1918—1956』

参考文献一覧

【公文書】（記号番号は省略）

1) Gosudarstvennyi Arkhiv Rossiiskoi Federatsii（ロシア連邦国立公文書館）
2) Rossiiskii Gosudarstvennyi Voennyi Arkhiv（ロシア国立軍事公文書館）
3) Rossiiskii Gosudarstvennyi Arkhiv Sotsial'no-Politicheskoi Istorii（ロシア国立社会政治史公文書館）
4) Rossiiskii Gosudarstvennyi Arkhiv Noveishei Istorii（ロシア国立現代史公文書館）
5) Arkhiv Vneshnei Politiki Rossiiskoi Federatsii（ロシア連邦外交政策公文書館）
6) Gosudarstvennyi Arkhiv Khabarovskogo Kraia（国立ハバロフスク地方公文書館）
7) Gosudarstvennyi Arkhiv Noveishei Istorii Irkutskoi Oblasti（国立イルクーツク州現代史公文書館）
8) National Archives and Records Administration（アメリカ国立公文書館）
9) 国立国会図書館憲政資料室
10) 防衛省防衛研究所史料室

【資料集】

1) V. A. Zolotarev（pod red.）. ***Russkii arkhiv 24. Velikaia otechestvennaia 13***, Moskva, 1996.（資料集『ルースキー・アルヒーフ24　大祖国戦争13』）
2) V. A. Zolotarev（pod red.）. ***Russkii arkhiv 18. Velikaia otechestvennaia 7 (1). Inostrannye voennoplennye vtoroi mirovoi voiny v SSSR.***, Moskva, 1997.（資料集『ルースキー・アルヒーフ18　大祖国戦争７(1)　ソ連における第二次世界大戦の外国人捕虜』）
3) V. A. Zolotarev（pod red.）. ***Russkii arkhiv 18. Velikaia otechestvennaia 7 (2). Sovetsko-iaponskaia voina 1945 goda.***, Moskva, 1997.（資料集『ルースキー・アルヒーフ18　大祖国戦争７(2)　日ソ戦争』）
4) M. M. Zagorul'ko（pod red.）. ***Voennoplennye v SSSR 1939-1956. Dokumenty i materialy***. Moskva, 2000.（資料集『ソ連における捕虜　1939―1956年』）
5) M. M. Zagorul'ko（pod red.）. ***Regional'nye struktury GUPVI NKVD-MVD SSSR 1941-1951.*** Т.5, кн.2, Moskva, 2006.（資料集『内務人民委員部／内務省捕虜・抑留者業務管理総局の地域組織　1941―1951年』２巻）
6) A. A. Dolgoliuk, N. M. Markdorf. ***Voennoplennye v Sibiri 1943-1950 gg. Istoricheskoe issledovanie i dokumental'nye materialy.*** Novosibirsk. 2014.（『シベリアにおける捕虜　1943―1950年　歴史研究と文書資料』２冊）
7) V. A. Gavrilov, E. L. Katasonova（pod red.）. ***Iaponskie voennoplennye v SSSR 1945-1956.*** Moskva. 2013.（資料集『ソ連における日本人捕虜　1945―1956年』）
8) M. V. Smirnov（pod red.）. ***Sistema ispravitel'no-trudovykh lagerei v SSSR 1923-1960. Spravochnik.*** Moskva. 1998.（便覧『ソ連の矯正労働収容所システム　1923―1960年』）
9) A. I. Kokurin, N. V. Petrov（pod red.）. ***GULAG (Glavnoe upravlenie lagerei) 1918-1960.*** Moskva. 2000.（資料集『グラーグ（矯正労働収容所管理総局）

れた「好成績」だった．しかし，スタハーノフ運動は生産増強の模範的運動と宣伝され，石炭産業のみならず全産業，さらには公務・サービス部門にまで拡大，推進された．捕虜の労働にも導入された．

総じて，機械化による合理化が不十分な段階で，労働者の熱意と報奨期待に訴えた運動で，生産性向上をもたらしたとは必ずしも言えない．

【農業集団化】

分散した小農経営は非効率であるという前提に立って，農民を集団農場（コルホーズ）に引き入れたこと．しかし，1920年代末の穀物調達に対する農民の抵抗に強制を用いても思うように調達が進まなかった事態の打開策として実施されたため，暴力的な性格を強く帯びた．穀物を低価格で国家に販売せず，コルホーズに加入しない農民はすべて「クラーク」（本来の意味は，農民を搾取する悪辣な富農）のレッテルを貼られて弾圧された．

強引な集団化と苛酷な穀物調達の結果，1932―33年冬に大規模な飢饉がウクライナなど穀倉地帯で生じ，少なくとも300万人が餓死した．

作業班が基礎単位だが，より小さい作業組，十人組も形成された．

【梯　団】

囚人や捕虜を移送する際の集団の呼称で，通常は用意される貨車の両数で人数が変動する．通常は５桁で示された番号が何を意味するかは不明である．

【アンティファ】

ドイツ人・オーストリア人捕虜の間での反ファシスト活動（教育）の総称．この場合のファシズムはコミンテルン（共産主義インターナショナル）の定義で，「金融資本の最も反動的，排外主義的かつ帝国主義的な分子の公然たるテロ独裁」を意味する．

アンティファの目標は，ヒトラーとナチ党，これを支える金融資本（産業資本と銀行資本が一体化したもの）を打倒し，労働者階級だけではなく，中間層も含む国民戦線，共産党，社会民主党のみならず自由主義政党も含む連合政府を樹立することであった．

したがって，ドイツ敗北後アンティファは最大の目標が失われ，それだけソ連の国益や外交政策に従属しやすいものとなった．

【アクチヴ】

一般には共産党を支える積極的な活動家を指すが，本書ではソ連収容所当局が行う反ファシスト活動（教育）に積極的に協力する捕虜を指す．

【計画経済】

国家計画委員会（ゴスプラン）が５年，１年，４半期の産業部門ごとの生産（建設）計画を作成し，各人民委員部／省，企業合同（トラスト），個別企業に割り当て，１ヵ月，１旬，１日ごとの生産目標まで立てさせ，資材も供給して実行させる経済運営．

労働者には，職種に応じた作業ノルマ（単位時間当りの生産量）が課された．しかし，実際には下部機関による計画の割引や達成の水増し報告，企業と労働者の暗黙の了解のもとで資材の横流しや見せかけの達成が横行し，それが計画経済の不可欠の要素となった．

【スタハーノフ運動】

1935年８月ドネツ炭田（通称ドンバス）で，アレクセイ・スタハーノフの作業班が１交替（８時間）の作業ノルマ７トンを14倍強も上回る102トンの採炭量を記録した．精選されたメンバーとその適切な配置，最新の機械・器材の提供，搬出など関連作業条件の整備によって，いわば仕組ま直後には国家防衛委員会を設置して議長となった．戦後もスターリンは共産党書記長，人民委員会議（閣僚会議）議長を兼任する文字通りの独裁者であった．

【治安機関】

ソヴィエト国家成立以来，政治・秘密警察をもつのがこの国の特徴で，それは内務人民委員部（住民登録，消防，防犯・交通などを担当する民警などを所轄）とは別個のときも，その部局のときもあった．「反革命サボタージュ取締り全ロシア非常委員会」と後継のロシア共和国の国家保安部は，ソ連邦結成以降は合同国家保安部となり，内務人民委員部とは別個だったが，1934年に連邦内務人民委員部が設置されると吸収されて国家保安総局となった．第２次世界大戦中に連邦内務人民委員部から連邦国家保安人民委員部が独立し，1946年３月にそれぞれ連邦内務省，連邦国家保安省となり，スターリン死後に内務省に再統一され，さらに国家保安委員会（KGB）が分離した．

その地方機関は共和国，自治共和国でも内務人民委員部／内務省だが，地方・州のそれは同地方・州本部と呼ぶ（日本の警察庁と都道府県警察本部の関係と思えば理解しやすい）．

【収容所管轄機関】

矯正労働収容所は当初は共和国司法人民委員部及び内務人民委員部の管轄下にあったが，1930年以降合同国家保安部，ついで連邦内務人民委員部の管轄に移された．収容所（ラーゲリ）管理総局（略称グラーグ）である．捕虜収容所も連邦内務人民委員部管轄で，捕虜・抑留者業務管理総局（略称グプヴィ）が担当した．

【収容所と下部単位】

矯正労働収容所は最多のとき476，捕虜収容所は通し番号533まで存在したという．この通し番号はあとから開設された極東の方が若いが，その理由は不明である．開設される一方で閉鎖されるものもあったので，捕虜収容所の最大は1946年４月の240である．捕虜収容所は，定員が一定ではなく，数百人から２万人近い規模のものまで存在した．

捕虜収容所は，矯正労働収容所と同じく，lagotdelenie, lagpunkt と呼ばれる下部単位をもった．支所，分所とも訳せるが，日本人捕虜が前者を分所と呼び慣らわしていたので，分所，作業所で統一する．収容所を構成する分所数も不定だった（２から最大20余まで）．なお，コロンナと呼ばれる鉄道建設や鉱山採掘などに従事する収容所の下部単位もあった．

内部の労働組織は作業大隊，作業中隊，作業小隊，作業班が編成された．

用語・訳語・略称

【国　名】

ソ連＝ソヴィエト社会主義共和国連邦（戦後のある時期までは，左翼は「ソ同盟」と呼んでいた）．ソ連を構成した15の共和国も，ロシア・ソヴィエト社会主義共和国連邦，ウクライナ・ソヴィエト社会主義共和国などと呼ばれたが，本書では単にロシア（共和国），ウクライナ（共和国）などと表記する．

【行政区画】

行政区画には共和国のほか地方（クライ），州があった．地方と州は同格と見てよいが，州を含む地方も存在した．民族の名を冠した自治共和国や自治州もあり，たとえばロシア共和国のなかのブリャート・モンゴル自治共和国，ハバロフスク地方の中のユダヤ自治州などがそれである．

【国家機関】

立法機関にあたるソヴィエト機関は，連邦及び共和国の中央執行委員会，地方・州執行委員会から末端の村ソヴィエトに至るピラミッド型の体系をなしている．1936年の憲法改正で，中央執行委員会は最高ソヴィエト（会議）に改められた（直接選挙に）．

その中央執行委員会から行政機関にあたる人民委員会議が選出された．ブルジョア国家の大臣や内閣という呼称を忌避したのである．しかし，1946年3月以降人民委員は大臣に，人民委員部は省に，人民委員会議は閣僚会議に改められた．たとえば外務人民委員は外務大臣に，同代理は同次官になった．

【共産党】

ロシア社会民主労働党のレーニン派は自らをボリシェヴィキ（多数派）と名乗り，それが通称となったが，1917年11月の革命達成後，翌年3月にロシア共産党（ボリシェヴィキ）と改称した．1922年12月にソ連邦が結成されると，対応する全連邦共産党（ボ）となった（ロシア共産党は解消）．1952年10月同第19回大会でソ連邦共産党と再度改称された．

共産党は，名目上は党大会を最高機関としたが，実際にはそこで選出された中央委員会，さらに，その選出する十数人からなる政治局に権力が集中していた．週1回開かれる政治局会議も1930年代半ば以降はめったに開かれなくなり，書記長スターリンが側近数人と協議して政策を決定していた．スターリンは独ソ戦争開始直前に人民委員会議議長を兼任し，開戦

シベリア抑留　関連年表

年	国際情勢	ドイツ人捕虜と西ドイツ	日本人捕虜と日本
1945	5月 ドイツ無条件降伏 7月 ポツダム会談→8月 原爆広島投下、ソ連参戦、原爆長崎投下→8月15日、日本降伏 11月 ニュルンベルク裁判（～46年10月）	6月 障害者、重病人などの送還 9月29日 捕虜の労働使役規程（共通） 11月 自由ドイツ国民委員会解散	8月23日～ 将兵・民間人約60万がソ連に移送される
1946	5月 東京裁判（～48年11月）	1―2月 捕虜の健康状態調査（共通） 7月 捕虜の送還開始	4月 寒冷地の一部捕虜を中央アジアへ 5月 病弱捕虜を北朝鮮へ（同地から補充） 12月 捕虜の送還開始

シベリア抑留 関連年表

1947	1948	1949
3月 トルーマン教書：冷戦開始 3—4月 モスクワ外相会談 9月 コミンフォルム（共産党・労働者党情報局）設立 11—12月 ロンドン外相会談	2月 チェコ事件（共産党支配へ） 6月 ベルリン封鎖（〜49年5月）	9月 ドイツ連邦共和国成立 10月 ドイツ民主共和国成立 中華人民共和国成立
2—4月 ソ連欧州部飢饉で収容所に非常事態令（共通） 3月 ハバロフスク地方民主グループ代表者会議 4月 収容所政治部活動に関する訓令（共通） 10月 対日理事会で米ソ代表が送還をめぐり激論 12月 ソ連で幣制改革と配給制廃止に関する決定	2月 ソ連最高ソヴィエト幹部会令：特別規制収容所の増設（共通） 3月 連合国管理理事会終結 4月 ソ連帰還者生活擁護同盟結成 5月 ハバロフスク地方反ファシスト委員会代表者会議	「戦友虐待裁判」開始 6月 舞鶴帰還の「赤旗組」注目集める 8月 捕虜の待遇に関するジュネーヴ条約改訂（共通） 12月 ハバロフスク戦犯裁判

1950	1951	1953	1954	1955	1956
6月 朝鮮戦争勃発（〜53年7月）		3月 スターリン死去			2月 ソ連共産党20回大会、スターリン批判 6月 党中央委員会・閣僚会議決定：ソ連人捕虜及び家族に対する差別撤廃
6月 帰還者同盟結成 12月 連邦議会「非ナチ化終了」宣言	9月 アデナウアー、ユダヤ人補償を言明		1月 元ドイツ人捕虜の補償に関する法律	9月 アデナウアー訪ソ：国交回復、捕虜の最終的送還	
1月 コミンフォルムが日本共産党「平和革命」論を批判 5月 引揚で徳田球一共産党書記長国会喚問 6月 共産党非合法化→「逆コース」確立 12月 高杉一郎『極光のかげに』刊行		12月 長期抑留者の帰国開始			10月 鳩山一郎訪ソ：国交回復、捕虜の最終的送還→12月26日 長期抑留者1025人、舞鶴帰還

富田 武（とみた・たけし）

1945（昭和20）年福島県生まれ．71年東京大学法学部卒業，81年同大学院社会学研究科博士課程満期退学．88年成蹊大学法学部助教授，91年より同教授．2014年より成蹊大学名誉教授．専攻はソ連政治史，日ソ関係史．本作品で第29回アジア・太平洋賞特別賞を受賞．

著書『スターリニズムの統治構造　1930年代ソ連の政策決定と国民統合』（岩波書店，1996年）
『戦間期の日ソ関係　1917-1937』（岩波書店，2010年）
『シベリア抑留者たちの戦後　冷戦下の世論と運動　1945-56年』(人文書院，2013年)
ほか

シベリア抑留（よくりゅう）
中公新書 *2411*

2016年12月25日初版
2019年11月25日３版

著　者　富　田　　武
発行者　松　田　陽　三

本文印刷　暁　印　刷
カバー印刷　大熊整美堂
製　　本　小　泉　製　本

発行所　中央公論新社
〒100-8152
東京都千代田区大手町1-7-1
電話　販売　03-5299-1730
　　　編集　03-5299-1830
URL　http://www.chuko.co.jp/

Published by CHUOKORON-SHINSHA, INC.
Printed in Japan　ISBN978-4-12-102411-4 C1221

中公新書刊行のことば

いまからちょうど五世紀まえ、グーテンベルクが近代印刷術を発明したとき、書物の大量生産は潜在的可能性を獲得し、いまからちょうど一世紀まえ、世界のおもな文明国で義務教育制度が採用されたとき、書物の大量需要の潜在性が形成された。この二つの潜在性がはげしく現実化したのが現代である。

いまや、書物によって視野を拡大し、変りゆく世界に豊かに対応しようとする強い要求を私たちは抑えることができない。この要求にこたえる義務を、今日の書物は背負っている。だが、その義務は、たんに専門的知識の通俗化をはかることによって果たされるものでもなく、通俗的好奇心にうったえて、いたずらに発行部数の巨大さを誇ることによって果たされるものでもない。現代を真摯に生きようとする読者に、真に知るに価いする知識だけを選びだして提供すること、これが中公新書の最大の目標である。

私たちは、知識として錯覚しているものによってしばしば動かされ、裏切られる。私たちは、作為によってあたえられた知識のうえに生きることがあまりに多く、ゆるぎない事実を通して思索することがあまりにすくない。中公新書が、その一貫した特色として自らに課すものは、この事実のみの持つ無条件の説得力を発揮させることである。現代にあらたな意味を投げかけるべく待機している過去の歴史的事実もまた、中公新書によって数多く発掘されるであろう。

中公新書は、現代を自らの眼で見つめようとする、逞しい知的な読者の活力となることを欲している。

一九六二年一一月

現代史

f1

- 2105 昭和天皇　古川隆久
- 2309 朝鮮王公族—帝国日本の準皇族　新城道彦
- 765 日本の参謀本部　大江志乃夫
- 632 海軍と日本　池田　清
- 2192 政友会と民政党　井上寿一
- 377 満州事変　臼井勝美
- 1138 キメラ—満洲国の肖像（増補版）　山室信一
- 2348 日本陸軍とモンゴル　楊　海英
- 1232 軍国日本の興亡　猪木正道
- 2144 昭和陸軍の軌跡　川田　稔
- 76 二・二六事件（増補改版）　高橋正衛
- 2059 外務省革新派　戸部良一
- 1951 広田弘毅　服部龍二
- 1532 新版 日中戦争　臼井勝美
- 795 南京事件（増補版）　秦　郁彦

- 84・90 太平洋戦争（上下）　児島　襄
- 2387 戦艦武蔵　一ノ瀬俊也
- 2337 特攻—戦争と日本人　栗原俊雄
- 244・248 東京裁判（上下）　児島　襄
- 1307 日本海軍の終戦工作　纐纈　厚
- 2119 外邦図—帝国日本のアジア地図　小林　茂
- 2015 「大日本帝国」崩壊　加藤聖文
- 2296 日本占領史 1945-1952　福永文夫
- 2175 残留日本兵　林　英一
- 828 清沢洌（きよさわきよし）（増補版）　北岡伸一
- 2171 治安維持法　中澤俊輔
- 1759 言論統制　佐藤卓己
- 2284 言論抑圧　将基面貴巳
- 1711 徳富蘇峰　米原　謙
- 1243 石橋湛山　増田　弘
- 2411 シベリア抑留　富田　武

中公新書

現代史

f2